本书受北京市教育委员会
"知识管理与实验经济学平台建设项目"资助

AN EXPERIMENTAL
ECONOMICS ANALYSIS
OF GRADUATES'
JOB SELECTION

大学生就业
实验经济学研究

刘 伟 王国成 葛新权 著

社会科学文献出版社
SOCIAL SCIENCES ACADEMIC PRESS (CHINA)

前 言

大学生就业问题备受政府、社会、高校、家庭和大学生个人重视。利用实验经济学中的实验室方法研究大学生就业选择是一个重要的课题。

本书是基于2008～2011年大学生就业实验研究成果而形成的。全书包括实验理论、实验分析、实验综合分析、实验思考四个部分，共分九章。第一章介绍实验经济学的基础理论，第二至第五章分别对2008～2011年大学生就业情况进行实验经济学分析，第六至第八章分别进行了实验综合分析，第九章是对应用实验经济学进行的思考。

本书作者主要是刘伟、王国成、葛新权。本书的编写与加工由三位作者共同完成。在此向所有的作者表示感谢，同时向参考文献中所列的作者表示感谢。感谢"大学生就业实验经济学研究"课题组所有人员。他们是黄涛、李保明、李建标、李雪松、王文举、朱恒鹏、朱莉琪、孙静、李静文、田林子、王晖、李建良、李宏伟、周飞跃等。

本书的出版受到北京市教育委员会"知识管理与实验经济学平台建设项目"资助，感谢北京市教育委员会科学技术与研究生工作处处长叶茂林博士和赵清副处长的大力支持。

感谢北京信息科技大学教务处。自2009年批准立项以来，教务处将此项目作为学科竞赛向全国推广，使我们可以获得更丰富、更全面的大学生就业数据。

感谢北京信息科技大学经济管理学院曲立副院长、谢瑞峰书记、曹晋红副书记、崔凯副书记等领导的支持。

感谢北京信息科技大学经济管理学院陈元风主任、刘青主任、王景增主任等同事的大力支持。

感谢社会科学文献出版社冯咏梅等各位编辑老师，本书能够顺利出版，离不开编辑辛苦的劳动。

特别要感谢我们的老师张守一教授。他建议在全国数量经济学年会上增加博弈论与实验经济学专题，并建议举办实验经济学高级讲习班，聘请国际著名实验经济学专家、教授来中国传授实验经济学理论与应用知识，其思想为本书的出版奠定了基础。他所提出的有关博弈论与实验经济学研究与应用的思路具有重要的指导意义，在此向张守一教授表示衷心的感谢！

由于我们对实验经济学的认识尚处于起步阶段，在编写与加工过程中难免有不妥之处，诚恳地希望得到各位同人的批评指正，以便今后不断修正提高。

作　者

2013 年 12 月 18 日

目 录

第一篇 实验理论

第一章 实验经济学的基础理论 ……………………… 003
 一 实验经济学的理论基础 ……………………… 003
 二 实验经济学的基本方法 ……………………… 023

第二篇 实验分析

第二章 2008年大学生就业实验经济学分析 ……… 039
 一 当前大学生就业环境 ………………………… 039
 二 实验经济学的优点 …………………………… 040
 三 实验系统设计 ………………………………… 040
 四 系统实现及运行情况 ………………………… 045
 五 存在的问题及展望 …………………………… 049

第三章 2009年大学生就业实验经济学分析 ……… 052
 一 北京大学生就业背景 ………………………… 052

二　实验设计原则…………………………………………053
　　三　实验分析……………………………………………054
　　四　实验经济学研究在大学生就业中的应用……………059

第四章　2010年大学生就业实验经济学分析………………061
　　一　实验运行结果………………………………………061
　　二　实验分析……………………………………………063
　　三　小结…………………………………………………070

第五章　2011年大学生就业实验经济学分析………………072
　　一　分析背景……………………………………………072
　　二　数据概述……………………………………………074
　　三　数据分析……………………………………………074
　　四　结论及建议…………………………………………084

第三篇　实验综合分析

第六章　大学生就业选择实验的设计、运行与
　　　　结果分析……………………………………………091
　　一　引言…………………………………………………091
　　二　大学生就业选择实验的设计………………………092
　　三　大学生就业选择实验的运行情况…………………095
　　四　大学生就业选择实验的结果分析…………………107
　　五　小结…………………………………………………111

第七章　大学生就业意向分析及引导对策研究……………114
　　一　引言…………………………………………………114
　　二　研究方法……………………………………………116

三　研究成果及分析 …………………………………… 117
　四　结论和对策建议 …………………………………… 126

第八章　基于异质性微观主体就业政策的实验研究 ………… 130
　一　引言 ………………………………………………… 130
　二　相关理论基础与政策制定依据 …………………… 133
　三　实验设计、运行与结果分析 ……………………… 139
　四　基本结论与政策建议 ……………………………… 146

第四篇　实验思考

第九章　应用实验经济学的思考 ……………………………… 175
　一　实验经济学分析 …………………………………… 175
　二　应用实验经济学的要点 …………………………… 179
　三　实验经济学的应用 ………………………………… 182

目 录
CONTENTS

Part I Experimental Theory

Chapter 1 Basic Theory of Experimental Economics / 003
  1. Theoretical Basis of Experimental Economics / 003
  2. Basic Method of Experimental Economics / 023

Part II Experimental Analysis

Chapter 2 2008' Analysis of Experimental Economics on Graduates' Job Selection / 039
  1. Employment Environment of Graduates / 039
  2. Advantages of Experimental Economics / 040
  3. Design of Experimental System / 040
  4. Implementation and Operation of Current System / 045
  5. Problems and Prospect / 049

Chapter 3 2009' Analysis of Experimental Economics on Graduates' Job Selection / 052
  1. Employment Background of Beijing's Graduates / 052

2. Principle of Experimental Design　　　　　　／ 053
3. Experimental Analysis　　　　　　　　　　　／ 054
4. Application of Experimental Economics Research in
　 Graduates' Job Selection　　　　　　　　　　／ 059

Chapter 4　2010' Analysis of Experimental Economics
　　　　　　on Graduates' Job Selection　　　　／ 061
1. Experimental Results　　　　　　　　　　　　／ 061
2. Experimental Analysis　　　　　　　　　　　／ 063
3. Summary　　　　　　　　　　　　　　　　　／ 070

Chapter 5　2011' Analysis of Experimental Economics
　　　　　　on Graduates' Job Selection　　　　／ 072
1. Background of Analysis　　　　　　　　　　　／ 072
2. Data Overview　　　　　　　　　　　　　　　／ 074
3. Data Analysis　　　　　　　　　　　　　　　／ 074
4. Conclusions and Suggestions　　　　　　　　／ 084

Part III　Comprehensive Analysis of Experiments

Chapter 6　Design, Operation and Result Analysis of
　　　　　　Experiments on Graduates' Job Selection　／ 091
1. Introduction　　　　　　　　　　　　　　　　／ 091
2. Design of Experiments on Graduates' Job Selection　／ 092
3. Operation of Experiments on Graduates' Job Selection　／ 095
4. Result Analysis of Experiments on Graduates' Job Selection
　　　　　　　　　　　　　　　　　　　　　　／ 107
5. Summary　　　　　　　　　　　　　　　　　／ 111

Chapter 7   Intention Analysis and Policy Suggestions on Graduates' Job Selection / 114
1. Introduction / 114
2. Research Methods / 116
3. Results and Analysis / 117
4. Conclusion and Suggestions / 126

Chapter 8   Experimental Economics Approach to Employment Policy Based on Heterogeneous Agents / 130
1. Introduction / 130
2. Related Theoretical Basis and Policy Basis / 133
3. Experiment Design, Operation and Results Analysis / 139
4. Basic Conclusions and Policy Suggestions / 146

Part IV   Thoughts on Experiments

Chapter 9   Thoughts on Applied Experimental Economics / 175
1. Experimental Economics Analysis / 175
2. Key Points of Applied Experimental Economics / 179
3. Application of Experimental Economics / 182

第一篇　实验理论

第一章 实验经济学的基础理论

一 实验经济学的理论基础

2002年的诺贝尔经济学奖授予了美国与以色列心理学家、普林斯顿大学教授D. 卡尼曼（D. Kahneman）和美国经济学家、乔治·梅森大学教授V. L. 史密斯（V. L. Smith），以奖励他们在实验经济学和行为经济学方面的开创性工作。在贺词中，瑞典皇家科学院对他们在行为经济学和实验经济学方面所做的研究给予了高度的评价。

史密斯发表了一系列开创性的研究成果，为实验经济学奠定了基础，并确立了实验经济学分析所采用的方法、工具和体系。他被誉为实验经济学的奠基人，获得诺贝尔经济学奖乃众望所归。其实，从严格意义上讲，这并非第一次将诺贝尔经济学奖授给对实验经济学有突出贡献的人，早在1988年就有先例，当年诺贝尔经济学奖得主阿莱斯就做过大量验证期望效用假说的实验研究。2002年直接向史密斯授奖，不仅肯定了实验经济学在整个经济学领域中的地位，而且对今后的发展将起推动作用。

（一）实验经济学的产生

1. 产生的背景

实验经济学的渊源可以追溯到1738年尼古拉斯·贝努利

（Nicholaus Bernoulli）提出的圣彼得堡悖论（St. Petersburg Paradox）。但是，经济学家开始认识到实验可以在经济学研究中发挥重要作用是两百多年后的事了。1984年，著名经济学家E.张伯伦（E. Chambelin）在哈佛大学创造了第一个课堂市场实验，用以验证市场的不完全性。不过他对实验结果很悲观，放弃了进一步研究。A.萨缪尔森（A. Samuelson）在其《经济学》中有一段代表性的话（张伯伦也表达过类似的意思）："一种发现经济法则的可能的方法就是通过被控制的实验。不幸的是，经济学家不容易控制其他很重要的因素，因此无法进行类似化学家或生物学家所做的实验。他们一般只能像天文学家或者气象学家一样借助观察的手段。"而当时经济学界对借鉴心理学常用的实验方法也普遍持怀疑态度。然而，当时作为哈佛大学经济系研究生的史密斯参加了张伯伦的实验，他很受启发，开始深入思考经济学研究的实验方法。史密斯从市场实验入手，阐述实验方法的意义。他认为实验就是真实的微观经济系统的缩影，所以实验中观察到的行为可以作为经济理论检验的凭证。自从史密斯进行市场实验之后，实验经济学开始蓬勃发展，逐渐融入主流经济学的研究工作，在理论界的影响也日渐增强。

1962年，史密斯开始进行市场机理方面的研究。在他的老师张伯伦关于市场课堂实验的启发下，他设计了一个由许多人参与的市场实验。实验参加者被区分为购买者和销售者，由谁担任购买者或销售者则是随机指定的。销售者持有一个单位的商品准备出售，并且对此还有一个底价作为他的私人信息。如果市场价高于底价，那么他就把该商品卖掉，并且差价就是他的利润。同样，购买者也有一个底价作为私人信息。如果市场价低于底价，那么他就购买商品，并认为自己赚了差价。史密斯基于他对买卖底价的分布的选取，画出了供需图表，而交易价格就由供需均衡得到。令史密斯大感意外的是，他发现实际的交易价格很接近理论均衡价格。这样，实验结果就支持了理论。

2. 价值诱导理论

后来，史密斯和他的学生又进行了更为一般性的实验，其中也将"市场制度"的变化作为一个重要因素来考虑，仍然得到同样的结果。在几乎所有的市场实验中，对一个假说的明确检验都需要控制接受实验的人的偏好。这是一个重要困难，因为买和卖通常会因受到参与者对收益和损失的特殊评价而产生变动，而研究人员不能直接观察到这种评价。张伯伦首先提出了这个问题及其解决方法，主要是为了向每个接受实验的人提供一种货币刺激，这就是"价值诱导法"。史密斯进一步发展了这一方法。与真实世界紧密相关的价值通常与实验装置可以提供的奖励存在巨大的数量差距，因而史密斯特别强调金钱激励在实验中的重要性。史密斯开发的实验手段不仅有足够的金钱激励，也注重设计激励措施以提高实验结果可应用于真实市场形势的概率。实验中存在的一个主要问题是，参试人员自己（无法被观察到）的偏好会影响他们在实验中的行为。因此，一个被指派买者角色的受试人，虽然其对产品的需求函数是给定的，但是他不会依照需求曲线简单地行动。史密斯提出了一种解决方案，即已为人们熟知的"价值诱导方法"（Induced-value Method）。该方法对参试人员提供激励，使之按照实验人的意图行动。通过该方法和其他贡献，以及对实验室合理化程序的一系列实践建议，史密斯为在经济研究中设计良好的实验方法建立了标准。

史密斯在《美国经济评论》上发表的重要文章《实验经济学：价值诱导理论》为在实验室里设计经济学实验提供了富有实践性的详细指导。近年来，这篇文章已经成为实验经济学研究的范例。由史密斯开发的实验方法不同于心理学中使用的实验手段，为了抵消决策成本带来的扭曲，史密斯开发的实验方法强调为接受实验的人提供足够货币刺激的重要性。他还着重指出将实验设计成重复实验的重要性，从而使接受实验的人熟悉并理解实验环境。

3. 实验经济学的定义

我们知道，实验经济学是经济学领域新产生的一个分支，若想作为一门学科不断发展，必须界定其所包含的研究对象、研究内容和研究方法，而这些都可以通过定义简要地表现出来。

下面我们采用实验经济学泰斗史密斯对实验经济学的定义：实验经济学是在有显性或隐性规则的社会背景下应用试验方法来研究人类相互作用的决策行为。显性规则可以定义为在特定支付矩阵的 $n(n-1)$ 个人博弈的扩展形式中，参试人员控制的行为次序和信息事件。隐性规则是一种被人们视为文化和生物演化遗产的一部分而被带入实验室的规范。

传统和习惯等因素一般是不能为参试人员所控制的。通常我们能够把实验结果看成在经济环境的驱动和制度提供的语言、规则支配下，个人选择行为的结果。通过实验研究，我们可以将实验结果与理论结果进行比较，对理论结果进行检验和修正并发现新的理论。因此，实验经济学的作用可以具体体现在以下三个方面：第一，当存在多种理论时，通过实验比较和评估各种相互竞争的理论；第二，当仅存在一种理论时，检验该理论的效力；第三，当不存在任何理论时，发现某些实际规律。

（二）实验经济学的思想基础和发展过程

要想真正了解实验经济学这门学科，就要先了解它的历史和发展过程。实验经济学作为一种检验手段，与经济学的发展是密不可分的。罗斯（Roth）指出，现在浩如烟海的实验经济学文献都可以追溯到 20 世纪 30～60 年代的三种思潮，以下我们就分别对这三种思潮进行介绍。

在第一股思潮中，瑟斯通（Thurstone）对效用函数的实验研究揭开了实验经济学的帷幕。他使用心理学研究中通用的实验技术来探讨关于偏好的无差异曲线是否确切地表现了个人选择行为，最后他的结论是肯定的。瑟斯通关注测试无差异曲线对偏好的代表性,以及用于估计无差异曲线的通过实验所获得的数据的实用性问题。为此他做了一个实验,在实验中,每一个实验参与者都被要求在一个包含帽子和外套、帽子和鞋子,或者鞋子和外套的商品组合中做出大量的假设性选择。例如,有关帽子和鞋子的选择问题包含在类似八顶帽子和八双鞋子的商品组合中。他研究了一个选择主体的详细数据,发现通过选择主体对帽子和鞋子,以及帽子和外套进行相关权衡之后做出选择的数据,是可能据此估计一条误差平方和最小的无差异曲线的。因此,瑟斯通认为这条无差异曲线能够充分代表这类选择数据,并且在由此进行推断的时候也是相当实用的。这就接着引发了瓦尔拉斯(Wallis)和弗里德曼(Friedman)的批评,他们批评这些实验的缺点之一就是这些实验包含了错误的分类和假设选择。他们认为,在如此虚假的实验环境下,一个选择主体能否做出其在现实情况下的真实选择是值得怀疑的。如果不能,那么他一定会通过给出似乎有理的,但又是虚假的回答来系统化其选择。对于一个令人满意的实验来说,选择主体在实际的激励下给出真实的反应是至关重要的。使用调查表或者其他基于对假定的激励做出的推测反应的方法都不能满足这一要求。反应是没有价值的,因为选择主体不知道他应该如何做出反应。作为瑟斯通的追随者,罗西斯(Rousseas)和哈特(Hart)在1951年设计了一个无差异曲线的实验以回应瓦尔拉斯和弗里德曼的批评。随后,摩斯特勒(Mosteller)和纽吉(Nogee)以及阿莱(Allais)都在这方面做了大量的研究工作,提出了各自的观点和理论。他们成为运用个人选择理论进行实验检验的先驱。

1944年,冯·诺依曼(Von Neumann)与摩根斯坦(Morgenstern)合著的《博弈论与经济行为》一书出版了,这本书对博弈论与个人选择理论的发展产生了深远的影响。于是,摩斯特勒和纽吉做了首个存在不确定情况的个人选择实验。之后,阿莱提出了著名的阿莱悖论。他们的工作被卡尼曼和特维尔斯基继承下来，这些理论现在已成为实验经济学的重要理论支柱之一。

第二股思潮以张伯伦（Chamberlin）为代表。他关心的是产业组织问题，因此他的实验以模拟真实市场交易为目标。张伯伦观察了现实经济生活中的行为并形成理论，以归纳与解释所观察到的现象。他在 1993 年提出的垄断竞争理论就是因市场不能对经济危机的冲击进行调整而激发出来的。张伯伦与其前辈的区别在于他运用了实验方法来评价其理论工作。他的继承者有西格尔（Siegel）和佛雷克（Fouraker），到了史密斯那里则发扬光大。张伯伦是第一个提出实验经济学的目标就是严格控制无关干扰变量的人，他观察了实验参与人在特定环境下的真实经济行为。他设计了模拟市场，给定产品价格和货币，然后记录最后交易的价格，并与标准的局部均衡经济模型做比较。西格尔和佛雷克把张伯伦的实验改进为参与人可以选择交易的数量，更重要的是，他们第一次引入了真实货币激励，就是将参与人的行为与最后收益挂钩，还比较了不同收益激励下参与人行为的变化。现在，真实货币激励已经成为实验经济学的标准条件。

第三股思潮是伴随着博弈论的发展而产生的。弗拉德（Flood）在 20 世纪 50 年代早期发现了囚徒困境问题，这引起了学者们很大的兴趣。接着，卡里西（Kalisch）、米诺（Milnor）、纳什（Nash）的工作开创了用实验研究博弈行为的范式。早期的博弈实验都是围绕着重复的囚徒困境及其变形展开的。纳什等曾指出实验中的许多局限，例如，很难在零和博弈中将参与人的行为做重复博弈，此外，不同阶段人的选择也不一致。

在这些博弈专家中，谢林（Schelling）的工作尤为引人注目。他为两个参与人准备了 100 元，每个人写一个要求得到的数字。如果两个人所写的数字的总和小于 100 元，则按个人要求给报酬，如果两个人所写的数字之和大于 100 元，则双方什么也得不到。这个实验后来被改编成最后通牒博弈实验（Ultimatum Game），成为检验讨价还价理论的最后的实验。

这三股思潮各自有其背后的方法论。个人选择理论的实验是从个体的经济人出发，仅与个人心理有关，实验中一般只需要一个实验参与人；模拟市场的实验是从宏观视角出发，单个人对市场的影响很小，实验中需要大量的参与人；基于博弈论的实验则是沟通微观与宏观的桥梁，它主要是研究两人之间的讨价还价。

1962年，史密斯将多次实验的结果组织成论文发表在权威杂志《政治经济学》上，如今这篇文章被认为是实验经济学诞生的标志。从那以后，实验经济学得到了蓬勃的发展，实验经济学文献的数量剧增。由此我们知道，实验经济学在逐渐走向成熟，并越来越受到人们的认可和重视。

（三）实验经济学的特点

在了解了实验经济学的起源和发展历史及其定义以后，我们自然而然地就把注意力集中到了实验经济学不同于其他经济学的特点上。

1. 实践方面的特点

实验经济学的意义是重大的。一项未经实验的理论只是一种假设，它被接受或拒绝的基础是权威、习惯或对假设的看法，而不是概括一个可以重演的严格证明或证伪的过程。而实验经济学可以把可论证的知识引入经济学领域，使人们了解真实的市场运行模式。同时，实验中的可控过程成为科学数据的重要来源，其数据采集的严格标准也日益受到理论经济学家的重视[1]。

史密斯认为，每一个实验都应由三大元素组成：环境、制度和行为。环境给定了每位参加者的偏好、初始的货品禀赋和现有的技术水平，而制度则界定了实验术语和游戏规则。环境和制度是可控制变量，它们会影响最终所观察到的行为。但要在实验中

---

[1] 张跃平：《维农·史密斯对实验经济学的贡献》，《经济学动态》2000年第10期。

控制环境和制度变量,并且确保经济实验的科学性和规范性,从而保证结论的可靠性,必须满足有效可控微观经济实验的若干规则。这些规则包括:①报酬的单调性,报酬对于所有实验参与者的效用都是单调递增的;②显著性,实验规则保证实验参与者的行为和愿望可以不受限制地显示出来;③支配性,报酬决定实验参与者的交易费用;④隐私性,实验参与者仅获得关于自己报酬的信息;⑤可重复性,在一个实验室里所做的实验适应于其他相似系统。这些具体的规则呈现了实验经济学在实践方面的特点,它与传统经济学相比,具有更强的操作性和可控性。

2. 理论基础

从理论角度看,从古典经济学直到现代西方主流经济学,逐渐完善了对经济人(利己人)的假设。这一假设和理论包含这样三个基本命题:①经济人是自私的,即追求自身利益是经济人经济行为的根本动机;②经济人在行为上是理性的,具有完备或较完备的知识和计算能力,能视市场和自身状况而追求个人利益最大化;③只要有良好的制度保证,个人追求自身利益最大化的自由行动会无意而有效地增进社会公共利益,经济主体终于转变成了一个具有完备理性的经济人。

在其后的西方经济学发展中,完备理性的经济人假设受到了质疑。从西蒙(Simon)的"有限理性"到经济博弈论中的对局人,经济主体开始逐渐回到经济现实中。在质疑中,人们认为完全的信息在信息不完全的场合不是一个有用的假定。假如经常没有办法计算取得额外信息的可能的边际成本和边际收益(没有实际取得),经济行为者怎样合理界定何时停止活动呢?西蒙利用这个问题论证了"满足"模型和"程序"的合理性,从而取代了最大化模型。他提出,理性就是遵循一个可得到好的解答的程序,而不应该用最优解法来定义。经济学家不应在理想情形中进行分析,而应把注意力直接指向经济活动和消费者实际遵循的程序上,因此,更应该把经济人看成一个"有组织的人",而不是抽象的最大化的追求者。

　　传统经济学理论"理性人"假设，认为人是自利的，并能做出理性决策。而心理学家和行为经济学家则认为，在现实生活中，人并不总是理性的。他们做了大量实验研究，发现人的实际决策与理性决策理论是不一致的。史密斯认为这两派的观点都有失偏颇，他认为如果人们在某种情境中选择了有较少收益的结果，那么应该问为什么，而不是简单地归为不理性。实验经济学放弃传统的"经济人行为"假设，将经济参与人定义为可犯错误的、有学习能力的行为者，这种可操作的、实证化的定义更具有理论意义和现实的合理性（显然这个理论观点受到现代认知心理研究的影响）。因为经济当事人解决决策问题时，并没有经历与经济学家相同的思考和计算过程，而一些更现实的行为方式并不一定导致市场的失败。实验经济学的研究提出了经济参与人行为低理性和经济参与人是认知有限适应学习者的命题。实验经济学的研究也验证了西蒙的思想：有限理性行为可能产生比按逻辑和计算方式行动更合理的结果。

　　史密斯的实验设计思想受两种理性秩序概念的影响。第一种是当今标准社会经济科学模型（Standard Social-economic Science Model，SSSM）的建构主义者理性（Constructivist Rationality），另一种是生态理性（Ecological Rationality）。这两种理性秩序就是实验经济学的理论基础。

　　建构主义者理性源于勒内·笛卡尔（Rene Descartes）的思想，他认为所有有价值的社会制度都应该通过人类推理的有意识的演绎过程而创立。笛卡尔的理性概念要求主体拥有完全的信息（这往往是不可能的）。这种理论认为，在社会系统中人总是进行有意识的推理，但实际上人的活动确是大量的无意识、自动化的活动，这保证了人的有效活动节省了脑的稀缺资源，于是产生了第二种理性秩序的概念，即理性源于文化和生物进化过程的生态体系。"道德规则不是推理的结果"。史密斯推测人在市场环境中成功操作的能力可能是一种进化来的能力,就像人们学习语言的能力。进化心理学家认为进化给了人类解决社会问题的心理模块,这些模块成为我们适应性的一部分,就像我们听和看的能力一样,这些模块中可能有理性交易和维持合作互惠关系的能力。早在1776年,亚当·斯密也有类似的观点。近期有不少心理学家也支持"生态理性"观点,如Giaerenzer提出"生态智力"的概念,认为人在进化过程中发展了适应性的认知和决策工具,人利用长期进化过程中使用的表征可以更容易地解决问题。

以上两种理性秩序在实验经济学设计中都有体现。实验经济学用实验室作为实验场,探测新制度的有效性,根据测验结果修改规则。史密斯认为,最初的实验设计是建构主义的,但当设计根据测验数据经过修改、再测、再修改时,按照第二种理性秩序概念,这就是利用实验室来进化适应。史密斯与其他合作者近期用脑成像技术对经济行为的研究也支持了第二种理性概念。他认为两种理性秩序都不能忽视。

也有一种观点与这种认为人的理性行为是在市场情境中进化出来的观点不同。这种观点认为市场结构本身就能产生理性结果,与参与者理性与否无关。在一篇名为《零智力交易者的市场分配有效性:市场部分替代理性》(Allocative Efficiency of Markets with Zero-intelligence Traders: Market as a Partial Substitute for Rationality)的论文中,Gode 和 Sunder 认为,竞争性市场的结构能产生理性结果,与决策者的理性无关。他们用机器人模拟拍卖过程,结果发现由零智力的交易者组成的市场取得的结果与以人为参试人员取得的结果同样有效率。由此他们认为,拍卖中分配的有效性在于其结构,与交易者的动机、智力都无关。亚当·斯密"看不见的手"不仅能从个体理性中,也能从个体非理性中产生累加的理性。

将实践和理论结合起来,我们可以得出以下结论。

(1) 实验经济学遵循科学研究的实证主义传统。自约翰·

穆勒开始，孔德的实证主义就一直是西方主流经济学研究遵从的一般范式。经济学家希望能继承长期以来自然科学重视经验的实证传统，体现理论解释过程的"确定性"和"实证性"。弗里德曼认为实证主义的中心任务就是要"提供一个能对环境中任何变化的结果做出正确预见的归纳系统。该系统的运作情况将根据其产生的语言的准确性、影响范围，以及与经验相符合的程度而加以判断"。所以，作为科学而言的经济学的思维结构和分析方式也多遵循了经验归纳的逻辑，并强调理论必须具有可检验性。也就是说，经济学家思考和分析的中心任务是构造各种可证伪的经济理论，进而进行实验。实验方法是理论检验方法中除经验验证之外最直接、最有效的方法。所以，经济学研究中实验工具的引入可以说根本上是受经济学方法论的实证主义传统的影响，尤其是波尔证伪主义流行的直接后果。实验经济学派甚至被称为"哈佛实证主义"，其成为实证主义在现代最主要的继承者之一。

（2）实验经济学强调经济的可实验性。实验经济学从来对"社会科学不可实验"的论断持否定的观点，认为经济理论完全可以具备用实验检验的条件。实验经济学遵循内曼·皮尔逊统计推断理论的思想传统，强调实验在检验理论与其中的实证和伪证中的作用。实验经济学就是要再造理论的环境和机制基础，得到所需的观察结果来检验理论解释，看理论解释的预言与所观察到的事实是否一致。实验的观察结果符合理论预测的频率越高，理论预期的可信性就越高。当排除其他因素影响后，如果理论预测的实证检验仍多次与理论预期相背离，就完全有理由怀疑原有理论模型的正确性。

（3）实验经济学试图明确经济理论和经济实验的统一分析结构，以此作为研究工作共同的基本起点。传统经济分析的结构遵循一种从初始条件通过契约规则到行为结果的逻辑方式。实验经济学对此进行了更加明确的说明。史密斯倡导建立一个与主流经济学研究相衔接的系统，并将这个统一的经济学和经济研究体系总结为：环境、制度和行为（正如我们上面提到过的）。史密斯认为实验经济学主要进行检验和研究的是参与人的行为，同时同意新制度经济学的基本看法，即强调制度的重要性。因为社会和经济系统的规则能影响参与人的信息、观念和所受到的激励，这些会对参与人的决策产生影响。所以，参与人在不同的机制下会做出不同的决策行为。因此，对经济系统中不同制度的探讨同样是实验经济学的重要工作之一。

3. 实验经济学研究的主要内容

自亚当·斯密开始，西方经济学研究的主题就定义在财富的性质及对增长原理的探讨上。在市场经济中，不可避免地，经济学家必然把讨论的重点放在财富必经之地——市场机制上。瓦尔拉斯（Wallis）的一般均衡系统和德布鲁（Debreu）对他的完善和证明构成了现代主流经济学几乎不可动摇的基础框架。与此同时，在这个我们所处的经济系统内有两个不可忽视的更为基本的前提：参与人的个体决策和由此产生的互动行为模式。所以，主流经济的研究找到了其理论构架的两个更为现代的基本理论元素：博弈论和个人选择理论。

伴随着主流经济学理论系统架构的完善成形，几个无法逾越的理论界阈逐渐凸显。第一，理论上的竞争结果和市场均衡可否在真实的买卖者参与下获得？也就是说，在没有完备的信息和计算能力的条件下，均衡到底会向何处去？这个疑问直接决定一般均衡系统的可信性。第二，传统的博弈论理论采取了一种建立在完全理性、期望支付、贝叶斯决策原则之上的模式，这种模式过于僵化和脱离实际，使博弈论的理论预期（纳什均衡及其精练）并不可靠。第三，作为个人选择理论基础的期望效用（Expected Utility）理论和主观期望效用（Subjective Expected Utility）理论只是经济学家认为的决策过程，并不一定为一般的经济参与人采纳，这种理论同样缺少现实的检验基础。

这些问题首先为实验经济学的先行者们所洞察。随着研究领域的扩大，经济学实验从最初集中于对市场均衡、博弈均衡结果，以及对个人选择理论已有模型的验证，逐渐包容了越来越多的经济学探讨范畴。

实验经济学研究的主要内容就涉及以下三个方面，这是与上文提到的实验经济学发展过程中的三种思潮相联系的。

一是市场实验。这种思潮最早来自张伯伦，他在《对古典价格理论预测的市场实验》一文中提出了对自然市场的讨论。张伯伦的研究被史密斯继续深化，史密斯在1953年设计了一类与证券市场类似的完全竞争的供求市场，通过买卖双方的连续减价达成交易合同，并重复进行交易过程。实验结果显示，理论预期市场均衡是可以获得的，而且均衡的收敛和稳定并不要求市场信息的完全性，市场是有效地出清的。不过，均衡的获取需要参与人在一定的学习和尝试过程中实现。在这类实验中，较有影响的研究还有 Holt 等所做的实验，实验通过改变一些市场参数（如部分参与者更有经验）得出结论：市场参数完全有可能影响双向拍卖市场竞争性均衡产出的收敛性。后来的研究工作开始涉足垄断、市场制度、市场进入、价格形成机制等问题，尤其重要的工作是对拍卖机制进行比较检验，得出一些有意义的结论。

二是博弈实验。实验经济学将博弈论规则转换为环境和制度，通过观测实验参与人的行为来检验博弈理论均衡预期的正确性。传统的博弈论将参与人看作内省的、有超强计算能力的人，得出各种纳什均衡的结果，存在真实性的进一步精练的问题。实验结果表明，对个人互动行为的研究，经典博弈理论对均衡的讨论存在大量可质疑的地方，理论结果还不是最终的结论。实验经济学早期的研究致力于一些博弈模型的理论预期的检验，尤其对两难博弈做出了较多的讨论。两难博弈的基本策略型见表 1-1。

表 1-1　两难博弈的基本策略型

	招供	拒招
招供	(c, c)	(b, d)
拒招	(d, b)	(a, a)

注：表中 $b > a > c > d$。

显然，对于每一个参与人来说，其占优策略是招供，所以博弈的唯一解是占优策略均衡 (c, c) 每个人都招供，而并非帕累托最优解 (a, a)。自从 Dresher 和 Flood 在 1950 年进行第一个博弈论实验之后，囚徒困境的各种变形就成为实验经济学的主要研究对象之一。Flood（1952，1958）报道了他们 1950 年的实验和分析。他们在这类实验中观察到，经过上百次的重复博弈，得出参与人支付与均衡解相距甚远的结论。Dresher 和 Flood 对此分析说博弈者不一定选择纳什均衡解。纳什的解释是多次博弈使每次博弈之间有相互的影响。其他实验还包括 Lave（1962）以及 Rapoport 和 Chammah 进行的研究。他们都报道了有关单时段博弈中存在的不同程度的合作事实。

实验经济学对博弈论的讨论后来开始涉及讨价还价、协调博弈等各类博弈。结果显示，许多经典博弈模型的纳什均衡分析与现实结果相背离，并通过大量实验结果的统计分析建立了许多新的更符合观察到的参与人行为的理论模型，而后加以检验。

三是个人决策实验。对个人决策的研究主要是为了检验期望效用理论的行为内容。经济学家发现，在不同风险程度下，同一个决策人通常会改变其风险承担态度。实验经济学首先在实验中获得了传统的无差异曲线。后来得到与期望效用理论相悖的实验结果——阿莱悖论（Allais Paradox）。L. Thurston（1931）用实验方法，让参与人在不同数量的可得商品组合间做虚拟的选择，结果得到古典的无差异曲线。后来 Rousseas 和 Hart 改进 Thurston 的实验，把实验构造得更加现实，让参与者选择不同的早餐组合,令他们必须将自己选择的早餐吃光,结果同样得到了传统的反映偏好的无差异曲线。

冯·诺依曼和摩根斯坦的重要著作《博弈论与经济行为》提出了期望效用理论。由期望效用理论,主流经济学推导出新的无差异曲线,并且得出 EU 下无差异曲线的三种性质:①无差异曲线向上倾斜;②无差异曲线是直线;③无差异曲线之间是平行的。对于这一无差异曲线的形状,阿莱首先产生了怀疑。在他 1953 年的实验中,提出了著名的阿莱悖论。

在这三类实验的基础上,实验经济学在公共经济学、信息经济学、产业组织理论、政治科学等诸多方面做出了巨大的理论和政策贡献。首先,实验经济学家试图通过对实验中经济人行为过程的观察和总结,构造微观经济理论的真实动态基础。实验经济学试图从实验中参与人的行为模式入手,构造微观市场理论的动态部分,以弥补主流微观经济学动态基础的缺憾。其次,实验经济学家对政策决策性实验设计的热衷主要体现在普洛特的加州理工学院经济学和政策实验室的出色工作中。最后,实验经济学的发展加速了经济学研究与行为(认知心理学)理论的融合。史密斯认为经济学、认知心理学在三个核心假说上相同:社会或经济中的理想结构直接来自个人决策者的个体理性;个体理性是一个自省的认知过程;人类心理可以模型化为一个总的目标问题的解决机制。所以,可以将决策描述为(不确定性下的)期望效用最大化决策问题。从这三个基础出发,通过实验经济学家和心理学家的努力,许多心理学的思想(如近视等概念)被引入经济解释理论之中,加强了经济理论的适用性。

(四) 实验经济学和心理学

以上我们对实验经济学的发展和特点做了一个鸟瞰式的回顾和介绍,遵循的主要是经济学的线索。但是,作为一门交叉性很强的边缘学科,实验经济学自其诞生的那天起就和心理学结下了不解之缘。

大约半个世纪以前,爱德华兹(Edwards)引进决策作为心理学研究的主题,同时西蒙也提出了一种基于有限理性的信息可处理和决策方法。然而,认知心理学中的研究并没有将其推而广之,直到丹尼尔·卡尼曼(Daniel Kahneman)和阿莫斯·特维尔斯基(Amos Tversky)发表了他们关于判断和决策的研究成果。虽然卡尼曼的研究遵循了认知心理学的传统,但对经济学家也是具有指导意义。

在经济学和心理学的边缘地带展开的现代研究已经表明,某些概念——如有限理性、有限自利、有限克制——是经济现象范畴后面的重要因素。特别的,来自心理学的洞见已经对当代金融经济学产生了强烈冲击。那么,为什么这些思想经过这么长时间才被经济研究重新认识?一个解释是实验方法直到近来才渗入经济学。作为价格形成和市场制度实验研究的结果,越来越多的经济学家开始认为实验方法是一个必要的研究工具。今天,新一代的经济学家是实验经济学和经济心理学的催化剂。卡尼曼和史密斯这两个关键人物为经济研究的复兴做出了令人振奋的贡献。

经济理论的实验室把社会中的人作为参试人员,所要验证的是人的行为命题,自然就需要借助行为和心理分析的方法。一方面,运用行为理论来完善和改进实验。例如,针对行为人对重复行为有些厌烦的心理,在实验设计中运用价值诱导方法,并将实验时间控制在3小时内。另一方面,运用行为理论来解释试验结果。许多试验结果与理论预测出现差异。其原因是在理论假设行为中人是理性的,而参试人员的行为却是理性和非理性的统一。因此,只有运用了诸如展望理论、后悔和认知失协理论、心理间隔理论等行为理论,来分析参试人员的非理性行为,才能更好地解释实验结果。

1. 实验经济学和心理学的区别

经济学家通常假定市场行为主要受物质利益的刺激,经济决策主要受利己主义合理性的支配。理性意味着决策者为了在一定的目标和可选择方案下做出最优决策而以一种富有逻辑性和系统化的方式使用现有信息。这些决策是以一种前瞻性的方式做出的，充分考虑了当前决策的后果。

在心理学中，特别是在认知心理学中，一个人通常被看作一个系统，以自觉、合理的方式编码、解释现有信息。但是，其他一些不太能意识到的因素也被认为在以系统化的方式支配人类行为。这种更为复杂的观点开始渗透到经济学理论近来的发展当中。

传统上，经济学家给定决策者对可用选择的偏好，并使其保持不变，认为决策者对自然状态和自己行为的效果会形成预期，并根据统计原则处理现有信息。在既有的市场条件下（该条件决定了决策者可选择的方案组合），决策者的行为就被假定为：正确地分配相关随机事件的概率，选择一个使预期效用价值最大化的行动。

相比之下，认知心理学家考虑的是一个交互作用的过程，几个因素都会对决策产生重要影响，如知觉、信仰或心智模式，感情、态度等内在动机也会影响一项决策。此外，对以前决策及其后果的记忆是一个至关重要的认知函数。在这种复杂的观点下，人类行为被认为是局部地适应于一个既定的环境。行为具有适应性，取决于环境和瞬间的感知状态。经济研究常常假定人们的行为在根本上受物质激励并采取理性的方式进行决策。这种假定认为人们会按照标准的统计原理处理可取得的信息，以评估经济状态和自身行为的后果。这一方法已经被公理般地形式化，被称为"预期效用理论"。该理论在不确定性决策的经济理论中占据着支配地位。

在一般的心理学，特别是在认知心理学中，正在流行的观点是把人看作一个在知觉习惯中对可取信息进行编码和解码的系统，但是少数知觉因素也可能在互动过程中支配决策。这些因素包括感觉、理解特定形式的思维模式、情感、态度和对早先的决策及其结果的记忆。心理学和实验经济学在研究方法上是有不同之处的。心理实验中，参试人员一般会得到少量的费用，每人得到的费用是相同的。在经济学实验中，得到的报酬取决于他们在实验中的决策和行为。在心理学实验中，参试人员经常不知道实验者的真正实验目的，在经济学的实验中则不然。因此，很多经济学家往往对心理学的实验结果打折扣，他们认为实验经济学的结果更符合人的市场经济决策行为。

在基于调查和实验对人类行为所进行的广泛的研究中，卡尼曼和其他心理学家对某些形式决策中的经济理性假设提出了质疑。真实世界的决策制定者常常并不根据概率法则去评估不确定事件，也不根据预期效用最大化理论来做出决策。

在一系列研究中，卡尼曼指出，当将来的结果不确定时，人们并不能彻底分析复杂的决策形势。在这样的情况下，他们常转而依赖启迪性的捷径或者拇指规则。卡尼曼和特维尔斯基从个人判断随机事件的方式中得到的实验数据精细地揭示了一个基本的偏见。绝大多数实验参试人员对大样本和小样本持相同的主观概率，而不考虑平均值的不确定性随样本规模的扩大而急剧下降。因而人们似乎比较多地运用"小数法则"，而不考虑本来应当考虑的概率论中的"大数法则"。在一个著名的实验中，参试人员认为，在一个既定的日期，一个小医院出生的婴儿（数量很少）中60%以上是男婴，同样在大医院（有很多婴儿出生）也是如此。

同样，投资者若发现一个基金管理者的绩效在两年内都是高于同行的平均水平，他就可以认为这个基金管理者比一般的管理者要好。但是这个真实统计的含义是非常脆弱的。描述数据上的"近视"可以帮助我们说明金融市场上一些主流模型所不能解释的现象——如表面上动机不明的大幅震荡，像股票市场经常表现出的那样。在金融经济学中，一个活跃的研究领域就是"行为金融"。这个领域试图运用心理学的洞见去解释金融市场的运行。

另一个经验法则是"代表"。卡尼曼和特维尔斯基设计了一个实验,实验要求参试人员根据给定的描述把个体分类为"销售员"和"国会议员"。在实验中随机地选取一个人,把他描绘成喜欢政治活动和参加辩论,绝大多数参试人员认为他是一个议员,而不顾事实上由于销售员占总人口中的较大份额而判定该人是销售员的可能性更大。甚至当参试人员被告知人口中议员和销售员的比例发生了充分的变化时,结果似乎也没有受到影响。

卡尼曼因而证明了在不确定的情形下,人的判断常常利用与概率论基本命题相抵触的"拇指法则"。不过,他最有影响的贡献涉及不确定性下的"决策制定"。一个惊人的发现是个体对结果派生于参照水平(通常为"现状")的方式比绝对的结果更为敏感。因而,当面对风险下的序贯决策时,个体似乎把每一个决策建立在得失相互隔绝的基础上,而不是建立在把他们的财富当作整体来进行决策的推论上。此外,与得到同样规模的收益相比较,许多的个体似乎更偏向规避与某个参照水平相关的损失。这些结果以及其他的结果与传统的预期效用最大化理论是相抵触的。

卡尼曼和特维尔斯基并不满足于批评不确定性下决策制定的标准理论,他们还发展了一种选择理论,即"前景理论"(Prospect Theory),试图为实证观察提供解释。前景理论及其扩展可以被用来更好地解释行为模仿。行为模仿似乎是传统理论观点的异端:比如人们在购买家用电器时购买昂贵的小规模家用电器保险的倾向;宁愿驾驶数里远寻求少许零售采购折扣,却不愿意在贵重物品上这么做,尽管这样做可以节约同样多的钱;对终身收入减少这一坏消息的反应本应是降低消费,但人们却抵制降低消费。

2. 实验经济学和心理学的融合

史密斯和卡尼曼获得诺贝尔经济学奖，表明了心理学的研究及其成就对其他学科发展的影响和受到的重视，也表明经济学研究和心理学研究、管理科学研究的相互渗透、相互交叉。心理学的研究推动了经济学的发展，从学科间相互借鉴和相互促进的角度出发，经济学界没有理由不关注卡尼曼以及其他心理学家的研究工作，以便为经济学的研究注入新鲜的成分，不断推动经济学发展。实验经济学原本就是交叉学科，在一些研究领域，如决策研究中，不同学科的界限越来越模糊。

卡尼曼运用认知心理学中关于心理过程的深刻见解，能够帮助我们更好地理解人们制定经济决策的行为。卡尼曼和特维尔斯基对不确定条件下决策行为的研究最有影响力，卡尼曼还对行为经济学等其他领域做出了开创性的贡献。卡尼曼已经成为近期在行为经济学和金融学研究领域中所出现的繁荣景象背后的一个重要来源，他的研究对其他领域也产生了重大影响。

从以卡纳曼为代表的心理学对传统理论的挑战，到史密斯等人强调的通过制度调节社会关系中个人行为以达到均衡，从而对经济理论的维护，再到心理学、社会学研究中对史密斯的反驳，我们看到了贝克尔所说的经济学的第三阶段的复杂性。

经济学家长期以来对行为假设的检验不感兴趣，这导致了著名的经济学家和心理学家之间的"芝加哥大论战"。这在很大程度上与早期实验的不规范所导致的结果反常有关。很多诺贝尔奖得主如西蒙、阿罗、卢卡斯等都参加了这场讨论，在西格尔、史密斯和普罗特等人的共同努力下，实验的有效性和可行性问题在某种程度上得到了解决，这奠定了实验经济学的方法论基础，用实验的方法检验理论也开始得到认可。作为对实验经济学批评的回应，史密斯提出了五条微观经济实验的要求来使所有的实验规范化。

近来的一股研究热潮利用了心理学和实验经济学传统的结

合，对经济学和金融学的所有领域意义深远。尽管卡尼曼和史密斯的研究在许多方面不同，但他们的科学贡献联合起来已经改变了经济科学的方向。最初，经济学界对他们的研究持怀疑态度。在经历了长期和深入的研究工作之后，他们的主要思想开始在这个领域渗透。正是他们的成就使今天的许多经济学家将心理学的见解和实验方法看作现代经济学不可或缺的组成部分。

二 实验经济学的基本方法

（一）经济学实验的基本原则

实验经济学的初学者在开始设计实验之前，总是充满了诸多疑惑。例如，实验条件需要更接近真实的市场，还是接近理论假设？如何诱发出参试人员（Subject）的真实行为，而不是使他们感觉在做游戏？如何避免实验主持者的语言对参试人员的行为产生额外的影响？通过长期的实践，以史密斯为代表的实验经济学家不断总结有关这些问题的经验，这些经验也成为经济学实验应该遵循的基本原则。Davis 和 Holt（1992）以及 Friedman 和 Sunder（1994）在有关实验经济学的教科书和实验操作指南中对经济学实验的基本原则进行了详细的描述，本章借鉴了其中的一些内容。在准备进行实验之前了解这些基本原则，有助于我们建立对实验过程的基本认识，有助于提高经济学实验的效果。

1. 实验条件：理论模型与真实世界

实验讨论的问题是：实验研究者所构建的实验室条件与理论模型的条件，以及与真实世界的经济条件之间应该存在什么样的关系。

在真实世界中，大部分经济现象和过程都是复杂的，这种复杂性不仅体现在制度因素上，而且体现在环境因素上。理论模型是用来分析和解释经济过程的，是对自然经济过程的抽象。一个好的理论往往建立在简单化的假设条件上，抛弃了一些非关键的复杂性，而保持了能影响经济结果的关键性环境和制度要素。图1-1中"自然经济过程"和"理论领域"两个区域的位置表示理论模型在制度和环境复杂程度上都低于自然经济过程。需要指出的是，这两个区域的形状、大小以及之间的距离都是不特定的。

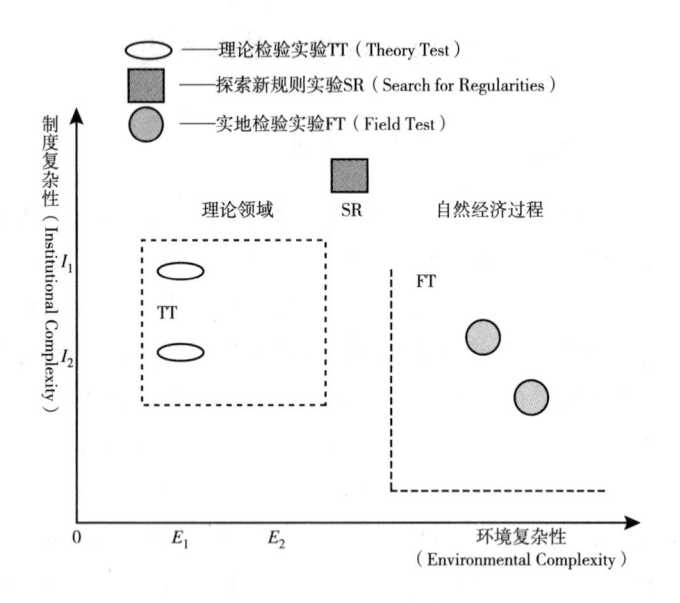

图1-1 实验经济学类型

实验研究是在构造实验制度和环境的前提下检验人们的行为，从而得出有关理论和经济过程的数据。那么实验制度和环境应该更接近真实经济过程，还是接近理论模型呢？问题的答案取决于我们的研究目的。按照实验目的的不同，实验可以简单地分为以下三种类型。

第一，理论检验实验（Theory Test），即TT。理论检验实验以检验某个理论为目的，是在理论领域进行的，如图1-1中标记为 TT 的深色圆点,每个圆点都代表了制度和环境变量特定的组合。在实验设计中,我们通常会比较两个或者更多的相关圆点。例如,圆点(E_1,I_1)和圆点(E_1,I_2)是在相同的环境结构 E_1 下,比较 I_1 和 I_2 两种不同的制度对经济结果的影响。理论检验可以用于检验同一个理论中不同的两个点,也可以用来界定两种相互竞争的理论和重叠部分以及它们不同的预测能力。

第二,探索新规则实验(Search for Regularities),即 SR。并非所有的实验都以一个特定的理论为参照。通过观察可供选择的政策或者改变一些特定理论的参数,我们可以找到一些新的经验规则,这就是探索新规则的实验。尽管对这类实验目的还有很大的争议,但这类实验有助于我们开创新的理论,或者帮助我们理解经常偏离均衡状况的动态调整过程。

第三,实地检验实验(Field Test),即 FT。实验的目的是检验在真实自然经济过程中的人类行为。实验中的变量来自对出现过程的直接控制。一个非常著名的实地检验实验出现在 20 世纪 70 年代早期,实验者用竞争性、统一价格拍卖来出售美国国库券。实地检验实验在图 1 – 1 中是用自然经济过程中的阴影部分来表示的。实地检验实验在研究中应用得很少,这主要源于两方面的原因。首先,增加环境的现实性是需要成本的,实地检验实验在管理上、计划上通常十分昂贵,而且会因为干扰正常的经济活动而付出更高的成本;其次,在实地检验实验中很多关键的环境变量可能不容易控制,而且这些要素可能会随着时间和地点而改变。

在实验中构造什么样的条件完全取决于我们的研究目的。理论检验实验用于在理论领域评价理论的性能。探索新规则实验可以在缺少相关理论的情况下检验预期的行为规则,能够帮助我们构造新的理论。我们还可以在自然经济过程的领域中进行实地检验实验,观察自然过程中的人类行为。

从目前来看,理论检验是最常见的实验目的,我们通常会根据理论假设来构造实验条件。在实验设计中，实验经济学家会尽量降低实验条件的复杂性，减少干扰实验结果的因素，突出所需要研究的关键问题。另外需要说明的是，在理论检验实验中，我们是按照理论对制度和环境的假设来构建实验条件，并不是按照理论模型对人的假设来绑定实验参试人员的行为。如果要求实验参试人员按照理论模型的假设进行决策，那么就是一种对理论模型的模拟，而不是实验。实验的目的是检验在与理论模型一致的制度和环境框架下，真实人类的行为是否符合理论预测的行为结果，从而判断理论模型的有效性。

2. 有效激励参试人员

在实验的设计中，需要参试人员得到"明显"的报酬激励，而且这种激励要与相关理论假设的激励相配合。"明显"的含义是决策的变化能够对报酬产生显著的影响，这包括两个方面的要求：①参试人员能够预料决策结果和报酬之间的关系；②报酬要高于参试人员决策或者交易的成本。

调查问卷是我们熟悉的一种获取数据的方法。实验方法与调查问卷方法的一个显著差异是调查问卷的每个被调查者无论做出何种回答，得到的收益都是一样的。例如，有一个作为感谢的小礼品；而在实验中，实验参试人员的收益是由他们的选择行为所决定的。例如，在个人风险选择实验中，参试人员被要求在一些彩票中进行选择。实验组织者不能给每个参加实验的人一样的报酬，而是建立参试人员的选择与收益之间的直接联系。

假设实验要求参试人员在以下两种彩票中进行选择。

彩票 A：10% 的机会得到 250 元，90% 的机会什么也得不到。

彩票 B：80% 的机会得到 40 元，20% 的机会什么也得不到。

如果参试人员选择彩票 A，那么，要求参试人员在 1~10 中随机抽取一个数字，如果抽到 8（或者其他某个由实验组织者自己指定的数字），参试人员可以获得 250 元，如果抽到其他数字则不能得到任何效益。同样，参试人员选择彩票 B 后，如果抽到 1 和 2，不能获得任何收益，抽到其他数字则能够得到 40 元。通过这种方式就建立一种实验参试人员决策和报酬结果之间的直接关系。

我们再来看在市场实验中参试人员如何进行交易。我们知道张伯伦（Chamberlin）的讨价还价市场实验，在实验中作为买方的参试人员得到的信息是对每单位商品其愿意支付的最高价格，如果成交价格低于愿意支付的最高价格，这个差额部分就是他的收益。实验中的卖方得到的信息是对每单位商品他最愿意出售的价格，成交价格高于最低愿意出售价格的部分就是他的收益。为了使自己的收益最大化，在实验市场的议价过程中，买方就有动力压低价格，卖方则尽力提高价格，这就与真实市场中买卖双方的行为具有了一致性。

Friedman 和 Sunder（1994）提出在实验中使用报酬手段诱发经济主体的特征，应当满足以下三个条件。①单调性（Monotonicity），即实验参试人员认为报酬越多越好，而且不存在饱和状态。②凸显性（Saliency），参试人员所得到的报酬必须与他以及其他参试人员的行动有关，必须由参试人员所理解的制度所决定。③占优性（Dominance），在实验中实验参试人员的效用变化来自实验报酬，除此之外的其他原因可以忽略不计。实验经济学家在报酬问题上遵循的原则是为参试人员提供报酬从而减少参试人员行为的变化。基于这样的原因，大部分经济学实验者采用实际的货币报酬支付给参试人员（也有些实验用咖啡杯、巧克力等商品作为报酬）。货币报酬具有的优势是能够使不同个体对报酬媒介态度的差异最小化，如果是货币以外的其他商品，不同参试人员对这些商品的价值评价是非常不一致的，而且货币支付是高度可分的，具有非饱和性的优势。

除了货币之外，课程的学分或者成绩也是一个可行的激励方式,虽然这种方式的效果比货币要差得多。竞赛式的激励方式是某个参试人员收益的多少依赖于同次实验中其他参试人员收益的多少。这类激励方式在应用时需要谨慎,因为研究表明,竞赛式的奖励方式在一些市场实验中可能会产生更高的价格和导致更多的追逐风险的行为。

那么支付给实验参试人员多少报酬才能达到激励的目的呢?事实上,对具体的实验内容来说,任何人都不能确定多少报酬才是合适的。心理学研究表明,一方面,在很多实验中参试人员都会努力做到报酬最大化,即使这个报酬仅仅是假设的;另一方面,在货币激励不足的情况下,选择不一致的现象会出现,但是即使有很强的货币激励,也不可能使参试人员的行为超出其智力水平。从目前情况来看,如果在校园里进行实验,大部分实验经济学家把每小时报酬的平均水平设定在超过校园每小时平均工资的50%~100%。另外一种常用的方法是在实验结束之后询问参试人员是否愿意再次参加其他的实验,借此判断报酬水平是否合适。如果80%~90%的参试人员选择愿意再次参加,那么这个报酬水平是比较合适的。

在实验过程中,有可能出现参试人员的最终报酬为负的情况。例如,在资本市场实验中,参试人员有可能因为错误判断资本价格的走势而出现亏损。当参试人员的报酬为负值时,实验组织者就需要引导他们对偏好的控制能力,因为负的支付是不可信的,当收益为负时,参试人员的行为就会体现出追逐风险的特点,他们知道如果报酬进一步为负,最后也不会真正让他们承担亏损,而若报酬为正,则会得到真正的收入,因此他们只有冒风险这一条路可走。如何对待这样的情况呢?可行的方法是在实验设计的进行中尽可能减少或者消除参试人员破产的机会,具体方法是:①给予参试人员较多的初始禀赋;②降低支付的显著性,以衬托初始禀赋;③设置一些限定条件,如不允许亏空或者进行亏损交易等。

3. 无偏性（Unbiasedness）

为了达到实验目的，对参试人员的真实行为进行研究，研究者应该在实验过程中持有这样一种态度，那就是不要使参试人员产生哪种行为模式是正确的、是被期望的预期，除非研究者也将外在的建议作为一个处理变量。这里的无偏性不是指研究者不能给出任何明确的行为建议，而是要特别注意避免那些微妙的行为建议。与其他观察实验数据（如化学或者物理实验）不同，人作为实验的参试人员能够按照实验者的要求去做，因此，实验者不能通过语言或其他方式暗示什么是好的或者不好的结果。特别是在课堂里进行实验时，有些学生作为实验的参试人员，可能会在实验过程中按照老师所期望的方式进行选择，希望能给老师留下好的印象，或者得到较高的考试成绩。在这种情况下，实验组织者的老师要尽量避免自己的语言对参试人员的行为产生额外的干扰作用。

另一种偏差来自实验者在解释实验过程时采用的术语。在实验过程中，研究者要尽量避免那些对特定商品的私人厌恶、蒙昧无知的偏好影响实验结果。例如，一位实验研究者曾经在向参试人员解释实验且不谈论实验目标的情况下使用了"Oligopoly（供不应求的市场情况）"这个词，如果参试人员曾经在经济学课程上学过 Oligopoly 这个词，而且记得 Oligopoly 通常会导致合谋，那么这些参试人员通常会在实验过程中采用合谋策略，并取得成功。基于这样的原因，研究者通常要设计一个比较好的实验方式来避免涉及任何特定商品。最安全的程序是用标准的、经常性的语言来解释实验说明，并且根据实验目的来修改说明。

（二）实验设计

在了解实验经济学的基本原则之后，我们进入有关实验设计问题的讨论。实验设计是在实验进行之前，研究者根据实验目的创建实验条件，撰写实验说明，选取参试人员进行测试性实验，并根据测试结果对实验条件进行改进。

在一般条件下，在实验设计阶段，我们需要完成的工作包括：①确定需要研究的主要问题；②确定实验条件的基本要素；③选择和确定作为处理变量的关键因素和重要的干扰因素；④为参试人员准备"实验说明"；⑤进行测试性实验；⑥根据测试性实验改进或者简化"实验说明"以及实验条件。

随着实验经济学理论和技术的不断发展，实验经济学已经可以应用于经济学研究的多个领域，如拍卖理论、博弈理论、产业组织理论、证券市场理论等，我们可以在其中选择自己感兴趣的主题，确定一个具体问题或者理论展开实验研究。在后面的章节中，本书将介绍实验经济学在这些理论中的应用方法和应用情况，本章提供的是进行实验经济学研究的基本方法。在确定了主要问题之后，就进入了实验设计的核心阶段——创建实验条件，这个过程需要确定实验条件的一些基本要素，并且选择和确定哪些因素需要处理，哪些因素会干扰实验结果，应如何对其控制等。根据实验条件，实验者还需要为参试人员准备"实验说明"，使参试人员能够充分理解实验的目的、条件和操作的具体过程。为了对实验设计的有效性进行检验，在进行正式实验之前，要选取一些参试人员进行测试性实验，并根据测试的结果对实验条件和实验说明进行一些必要的改进。在这些程序完成之后，我们才能够开始正式招募实验参试人员，并且展开正式的实验。

在具体介绍这部分内容之前，我们需要了解以下实验经济学的术语。

实验局（Session）——一系列的博弈或者其他的决策任务，包括了同一天、同一组人进行的实验。

实验（Try）——一局实验通常会重复多次进行，以获取更为可靠的实验数据。

组（Cohort）——参与实验局的一组人。

实验设置（Treatment）——一种独特的环境或者处理变量（Treatment Variable）的构造，如信息、经验、动机和规则。

1. 创建实验条件

在我们构建的实验条件中，有多种因素会影响实验结果。如何根据实验目的对这些因素加以区分和控制是实验结果是否有效的关键问题。

所有对实验结果可能产生影响的因素可以分为两类：关键因素和干扰因素。在实验中，我们感兴趣的是关键因素会产生怎样的效应。一个因素是关键因素还是干扰因素，取决于实验的研究目的。例如，在研究市场结构的实验中，买方的数量是关键因素，然而在研究消费者对新产品的反应的实验中，同样的因素就变成了干扰因素。

对于任何一个因素，我们在实验中可以将它作为处理变量，检验由于这个因素的变化对实验结果产生的影响。我们还可以对它进行控制，把它作为常数，也就是在实验过程中使它保持不变。将一个因素作为处理变量还是常数，也是由实验目的决定的。例如，我们在研究涨跌幅限制制度对证券交易价格的影响时，可以设计三组实验。我们将参试人员的数目、参试人员拥有的初始现金、证券的红利分布等任何因素都作为常数，在三组实验中保持不变；将涨跌幅限制制度作为处理变量，在三组实验中分别设置没有涨跌幅限制、10%水平的涨跌幅限制及5%水平的涨跌幅限制。通过计算和比较三组实验市场的成交价格、市场波动性等指标，我们就可以判断涨跌幅限制是否有利于稳定市场价格，以及随着涨跌幅限制区间的缩小，市场价格会呈现何种情况。在这三组实验中，实验者除了将涨跌幅限制因素作为处理变量之外，还将其他因素都作为常数，只有实现这样的控制性，实验结果才能代表涨跌幅限制的效应，而且不会与其他因素产生的效应相混淆。

在这里，我们需要解释的是如何在实验设计中突出关键因素的效应,如何最大限度地减少干扰因素的影响。此外,还要介绍如何在实验设计中确定处理变量和常数,并区分不同变量产生的效应。

首先,如何解决干扰因素问题。区分关键变量和干扰变量完全取决于自己的研究目的。我们再来看一个例子,如果实验的目的是检验一个静态理论,参试人员的经验和学习都是干扰因素;如果研究目的是研究参试人员的行为特征随着时间会有何变化,那么参试人员的经验和学习都变成了关键变量。在相当多的实验中,参试人员带入实验室的经验背景、情绪和态度都可能成为干扰实验结果的因素,我们这里介绍几种在实验中可能会遇到的典型的干扰变量,并根据 Friedman 和 Sunder(1994)的研究提供一些解决这些问题的方法。

(1)经验和学习。在实验进行过程中,当参试人员逐步理解实验环境时,他们的行为也会逐渐发生变化。当这种经验和学习成为实验过程中的干扰变量时,可以通过仅仅选择有经验的参试人员并将经验作为常量以达到控制的目的,或者采用平衡交替的设计方法,把经验作为处理变量。

(2)非制度性的相互作用。参试人员之间的行为可能还会相互影响。例如,在实验过程中的休息时间,卖方会聚集在一起讨论,一致同意维持高价格,因此,在休息时间要非常仔细地进行监督,或者在休息之后改变一些参数。

(3)疲劳和厌倦。随着实验的不断进行,参试人员很可能会感到疲劳和厌倦,他们的行为也可能随之发生改变。例如,当一个参试人员在一个有 58 个周期重复进行的囚徒困境博弈实验中发现选择 A 战略可以获得收益时,他却可能会选择 B 战略,仅仅是为了宣泄自己的厌倦情绪。因此,实验经济学家建议在博弈论实验中偶尔要更换一下支付矩阵,而且对大部分实验而言,实验时间最长不要超过 2 小时。

(4)参试人员或者参试人员组的特性。一个参试人员的背景也会导致缺乏代表性的行为。在一个组里，参试人员之间也会互相强化一些行为模式。例如，学习高级金融学的学生参加资本市场实验，就不可避免地存在一定的选择性偏差。解决这个问题的办法就是选择不同背景的参试人员重复进行实验。

其次，如何确定处理变量和常数。在实验设计过程中，把一个因素作为常数还是处理变量是需要平衡的。假设我们的实验目的是检验不同的拍卖制度在不同需求曲线弹性水平下产生的效应，就需要考虑两组因素，一组是拍卖制度——双向拍卖和明码标价拍卖，另一组是弹性水平——有弹性的需求曲线和缺乏弹性的需求曲线。如果两组变量同时发生变化，所产生的效应就会相互混淆。最符合逻辑的方法是：所有的变量都独立变化，这样就能清楚地得出各变量所产生的效应。将拍卖制度和需求曲线的弹性这两组变量两两组合，我们能够得出四种不同的市场条件，分别在这四种条件下进行实验，得出四个实验结果：A、B、C 和 D。如果仅仅观察结果 A 和 D，或者仅仅观察 B 和 C，对于所要研究的问题，我们无法得出有效的结论。正确的方法是比较 A 和 C，以及 B 和 D，这样的比较结果表明了在不同弹性水平下，明码标价拍卖和双向拍卖有何效应。

对于如何确定常量和处理变量，Friedman 和 Holt（1994）也提出了以下建议。

（1）控制所有的可控制变量，否则你得出的数据可能会缺乏有效性。

（2）把关键变量作为处理变量，在广泛的、分割不同的水平上构造相反的环境。一般情况下选择两个水平就够了，如果出现我们刚才提到的需求曲线缺乏弹性和富有弹性两种情况，可以忽略中间的状态。

（3）如果你察觉到某个干扰变量与关键变量是相互作用的，就可以把这个干扰变量作为处理变量，一般两个水平就足够了。例如，如果发现参试人员的年龄对实验结果产生了干扰，即可以将年龄作为处理变量，分别进行两个年龄组的实验。

（4）尽量保持大部分干扰变量作为不变常数以降低复杂性，并减少成本。即使一个干扰变量的影响比较大，只要这种影响是无害的，或者一个干扰变量的效应与关键变量的效应是相互独立的，都可以将这些干扰变量设为不变常数。

（5）独立地改变处理变量，以使数据的解释能力最大化，并且能避免变量的效应相互混淆的情况。

2. 实验说明

实验说明是在实验开始之前向参试人员陈述实验目的，界定参试人员的资源、信息和初始禀赋，解释参试人员要进行的选择和行动，以及介绍个体参试人员的奖励支付规则。实验说明还可以包括简单的实验例子，用来帮助参试人员理解实验环境。在实验条件设计完成之后，实验设计者就需要根据实验条件来撰写实验说明。

（1）目的。对实验目的的陈述有助于参试人员理解为什么有人愿意支付货币让他们来参加这个游戏。例如，Fiorina 和 Plott 在一个交流实验（Full Communication Experiments）的实验说明中写道："本次实验的目的是调查一些复杂的政治过程的某些特征。这个实验说明很简单。如果你认真地按要求来进行好的决策，你可能会得到一笔相当可观的收入，而且是现金收入。"

（2）例子。在实验说明中举一个例子有助于参试人员理解实验环境，但由此可能带来的风险是，参试人员以为这是对他们应该如何行动的暗示。这种风险可以通过改变例子中的一两个参数来防范。

（3）私人信息。实验说明中通常还包括一些私人的信息和数据，例如，个人的初始禀赋、信息和分红。如果使用计算机系统来进行实验，实验说明中还需要写明个人登录实验系统的账号、密码等。

（4）真实世界。实验环境和真实市场的平行性在帮助我们理解真实市场时起非常关键的作用。然而，如果把这种平行性写在实验说明里，并且精确地将其告诉参试人员，那么棘手的问题也会随之而来。例如，在资本市场实验中，如果在实验说明中告诉参试人员这个资本市场就类似于真实世界的资本市场，那么他们会有很多疑问，比如，为什么在实验室中交易的资本是没有特定的公司或者行业背景的，为什么买卖双方的人数这么少等。

3. 实验软件的操作方法

如果实验是通过联网的计算机系统来进行的，则需要在实验说明中向参试人员介绍软件的操作方法。例如，在双向拍卖的市场实验计算机系统中，要介绍如何登录系统，如何发出报价和要价的指令，如何查看拍卖价格、成交结果、个人资产等信息。

对于实验研究的初学者而言，借鉴或者修改其他已有实验的实验说明是一个简单可行的方法，因为实验经济学家都是经过多次修改才得出了具有精确性、清晰性、明了性的实验说明的。在大部分实验经济学文献中都可以找到与此配套的实验说明，这些实验说明可以作为我们学习的范本。

4. 测试性实验

设计和开发新的实验通常需要进行测试性实验。通过测试性实验，实验者可以发现实验说明中是否存在模糊的用语，是否遗漏了一些重要信息，或者实验时间是否过长以至于参试人员非常厌倦。测试性实验对于我们积累实验知识和技能非常重要。针对测试性实验中出现的问题，需要对实验环境和实验说明进行一些改进和完善。

第二篇 | 实验分析

第二章 2008年大学生就业实验经济学分析

由美国次贷危机引起的国际金融危机使2008年大学生就业遇到了"寒冬",如何使大学生在经济危机环境下优化就业策略并提高就业能力,是本章介绍的网络环境下大学生就业实验经济学竞赛系统的主要目标。本章介绍了该系统设计的主要原则、目标、系统最终评价方法,讨论了系统的主要数据结构、实验组织、参试人员参与实验及其他运行情况,描述了系统的主要实现方法,并对系统设计进行了总结,同时对实验经济学的发展进行了展望。

一 当前大学生就业环境

在当时的经济形势下,国家积极出台各项法规、政策,帮助大学生就业,并且决定投入4万亿元扩大内需,这无疑会给大学生就业带来积极影响。

由于国家扩大内需、保证必要投资,钢铁行业以及铁路、交通等部门在当年提供的岗位相对其他行业来说比较充裕,但对用工要求的专业性也相对较高。

如何提高大学生的就业能力,改进大学生的就业策略,增加大学生的就业机会,已经成为学校、社会极为关心的一个问题。

基于我们之前一直进行的大学生就业的实验经济学研究结果，结合当前金融危机的就业形势，我们对实验系统进行了改进，以期对更多的学生起到促进和提醒作用。

二 实验经济学的优点

与传统的研究方法相比，实验经济学具有两个优点：可复制性和可控制性。可复制性是指其他研究人员可以复制实验，从而具有独立验证实验结果的能力；可控制性是指操纵实验室条件，使观测到的数据足以用于评估各种理论。利用实验条件的可控制性防止了各种与之相伴的不可观察因素的变化，这样就可得到比理论验证更纯粹、更有效的数据。

三 实验系统设计

1. 基本原理

实验经济学实验设计的一般步骤为：确定实验目标；选择合适规则；选择参试人员；确定参试人员报酬的支付方案；编写实验指导用语；审定实验方案。

实验规则的设计：无论实验的类型或研究的焦点是什么，都必须制定实验规则和其他环境特征。实验设计中规则的细微改变可能对观测行为产生很大的影响。因此，实验经济学中的规则设计是相当重要的。

参试人员的选择：实验经济学中的实验是经过精心设计的，然而每个人都有自己的个性特征，在实验中有时可能出现我们不希望出现的行动，所以在选择参试人员时，要注意尽量减少参试人员的差异，或选择参试人员的差异与实验目的无关或影响极小的参试人员。

报酬的支付：实验者要支付给参试人员现金或其他奖励作为

报酬,支付的多少与参试人员在实验中的表现密切相关,这是实验经济学与调查问卷的根本区别。支付报酬要遵循价值诱导理论,绝不可故意欺骗参试人员。

2. 实验目标

本实验主要研究在不同就业环境下,大学生的就业策略的变化情况。主要借鉴实验经济学的基本思想和方法,针对我国高等教育规模扩大环境下毕业生就业形势日趋严峻的现实问题,结合当前金融危机的大环境,研究竞争程度不同的情况下,就业率对大学生的起薪标准等就业选择行为的影响,以期为大学生提供就业指导,并为政府提供就业政策建议。

3. 实验设计

充分利用计算机作为辅助工具,尽量减少影响大学生就业选择的因素,毕业生就业受多种因素的影响,本次实验选取的主要因素包括:①工作能力;②工作经历;③学历层次;④学校名气、地位;⑤专业是否为热门专业;⑥应聘技巧;⑦学习成绩;⑧就业信息和机会;⑨社会关系;⑩党员、学生干部;⑪往届毕业生的声誉;⑫性别状况;⑬户口和用人指标拥有就业地户口;⑭家庭背景;⑮学校或教师的评价;⑯其他技能。

根据不同的权重,将相应项选取的不同题目赋予不同的分值,从而供最后的综合排名系统使用。对公共变量参数,我们选择的是就业率。

实验软件系统开发采用微软公司的 Visual Studio .NET 2003 开发工具;系统结构采用 B/S 这一方便灵活的主流系统结构;数据库采用 Microsoft SQL Server 2000 系统;应用服务器采用 IIS6.0;后台服务器采用 Intel 双核至强 3.0×2,能够满足同时大于 2000 人访问;系统评价系统采用分类加权评价体系。

(1) 面向对象程序设计方法(OOP)

客观世界的任何事物都可以被看作一个对象。从计算机的角度看,一个对象包括两部分:一是数据;二是施加在数据上的算法。

面向对象的程序设计方法有四个重要的特性：抽象性、封装性、继承性、多态性。它将属于一个对象的数据和算法封装在一个类别中，从而将对象的内部和外部隔离开。这种方式使程序的设计者不必考虑对象的内部结构，只需了解它所提供的功能。并且这种方式符合客观世界组织模式，比较易于实现对客观世界的抽象。

Visual Studio. NET 是一套完整的开发工具集，用于生成 ASP. NET Web 应用程序、XML Web Services、桌面应用程序和移动应用程序；SQL Server 2000 不仅能作为一个功能强大的数据库服务器有效地工作，而且其数据库引擎也用于需要在客户端本地存储独立数据库的应用程序中，所以在 B/S 结构中采用 SQL Server 2000 作为数据库平台是很实用的。

（2）系统结构

整个实验分为三个轮次，每一轮次各有三个由高到低的就业率，预示着竞争激烈程度的不同。每一轮次的最后都有相应的数据统计，主要包括心理底限、期望起薪、乐观起薪、工作选择首要依据、目标地域、综合排名（包括各项分类指标、综合竞争力及就业指数）等。参试人员在每轮次结束后可以查看自己在当前轮次竞争环境下，在所有竞争者中所处的位置，在实验的最后阶段可以得知自己的最终竞争信息和结果。统计形式包括表单、折线图和饼状图等，并能对数据进行导出操作。

（3）系统评价分类指标

①竞争力指数

$$竞争力 = \sum_1^n Score_i \qquad (2-1)$$

按照参试人员的选项得出的总分数。排序规则为由大至小。

②收回年限指数

$$收回年限 = （学费 + 生活费 \times 9 + 其他费用 \times 9）\times$$

$$学制/(期望起薪-工作地最低消费)/12 \qquad (2-2)$$

排序规则为：当收回年限大于 0 时，由小至大；当收回年限小于 0 时，由大至小。

③财富指数

$$财富指数 = \begin{cases} 竞争力/实际收回年限（当收回年限 > 0 时） \\ 竞争力 \times 实际收回年限（当收回年限 \leq 0 时） \end{cases}$$

$$(2-3)$$

排序规则为：由大至小。

④可信指数

$$可信度 = |实际收回年限 - 期望收回年限| \qquad (2-4)$$

⑤就业指数

$$就业可能 = 就业率 \times 参加试验的人数 - 综合排名名次 \qquad (2-5)$$

规则为：如果就业可能大于 0，则提示具备就业实力；如果就业可能小于 0，则提示很遗憾，在本次就业竞争中失败。

（4）系统评价总体指标

$$\begin{aligned}总体评价指数 &= [M_1 \times (S - N_1 + 1) + M_2 \\ &\quad \times (S - N_2 + 1) + M_3 \times (S - N_3 + 1) + M_4 \\ &\quad \times (S - N_4 + 1) + M_5 \times (S - N_5 + 1)]/S \\ &= \sum_{i=1}^{5} M_i \times \frac{S - N_i + 1}{S} \end{aligned} \qquad (2-6)$$

其中，N_i 为分类指标排名；S 为参试人员总人数；M_i 为分类指标系数。

4. 参试人员的选择

实验者对本次实验的模式进行了重大改革，系统发展为比赛性质的真实竞争环境，参试人员主要为全国各高校各专业大四在读学生，他们目前正处于找工作过程中，对就业有自己的理解和体会，所以提供的数据和心理反馈有较高的可靠性和真实性。

有意愿参加本项目比赛的人员首先要经过本系统进行注册、交费，待管理人员审核通过以后获得比赛权限，有权限的参试人员根据自己设定的账号、密码登录系统，参加各竞争环节。

注册的方式可以由个人直接单独注册，也可以以学校为单位进行集体注册。

5. 报酬的支付

报酬的支付方法在原来的实验中共执行了以下三种方案。

（1）10~100元/人次的报酬：每个参与者最终获得的报酬并不完全一样，对数据的有效性和真实性进行认定之后，按照最后的综合竞争力给参与者相应的报酬；

（2）学生课程加分：有相关经济学课程的老师组织学生参与实验经济学实验，按照组织人员给定的就业市场就业率和自己在最后的竞争结果中所处的位置，给予该课程相应的分数；

（3）不支付报酬：实验者对参试人员进行关于就业市场的教育和模拟实地体验，让他们真实了解竞争的残酷性，并使他们专心致志地参与目前的系统竞争中。

从实验的情况来看，参试人员的参与热情较高，实验的态度比较认真，实验获取的数据较为真实，这为最后的数据分析提供了较为有利的基础。美中不足的是，每次召集参试人员总是比较困难，本次实验结合国际金融危机大环境，对系统进行了大幅改革，报酬的支付方式也发生了重大变化。

参试人员在竞赛完成之后，可以立即看到客观题目部分截至目前的排名结果，但包含主观题目在内的最终排名情况必须在实验组织者对各参试人员进行主观题目评分之后，在再次登录系统时方可见到，系统的报酬发放标准也是以此为依据。对数据真实、综合竞争力居前的部分参试人员还将颁发奖励证书，对组织情况优秀的集体，也将视情况颁发优秀组织奖、优秀辅导员奖等奖项，以此鼓励参与单位的热情，便于获得进一步研究所需要的数据。

四 系统实现及运行情况

1. 系统数据结构

系统包含 21 张数据结构表，其中存放系统所需要的各种数据和资料，包括实验协议、实验说明、选择信息、管理员、问题答案、系统设置、新闻、图片等，其关系见图 2-1。

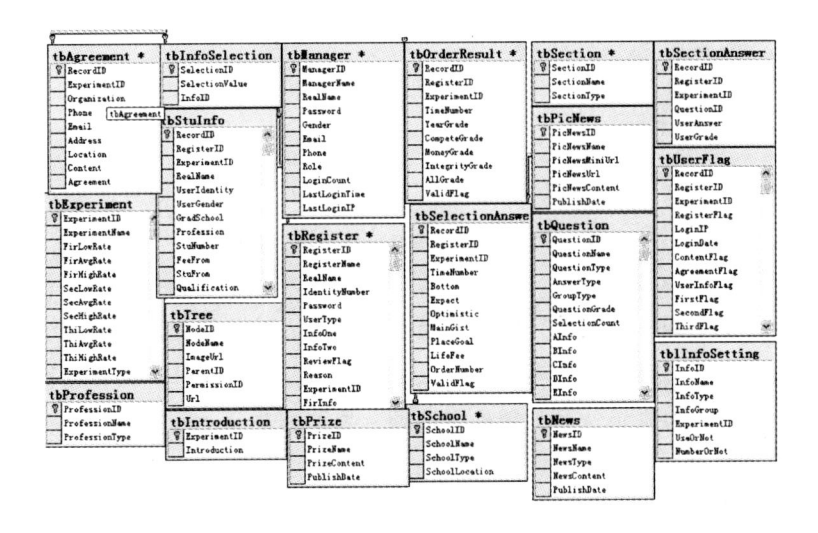

图 2-1 数据结构关系

2. 系统运行流程

系统的流程是超级管理员首先赋予实验组织人员权限，实验组织人员登录系统，构建一个实体实验并启动，方才可以接受参试人员的注册、比赛等具体事项。

实验组织人员的权限有：①个人信息的管理，包括查看、修改个人的基本信息，也可以修改自己的登录密码；②业务管理，包括人员审核、人员管理、后台管理、信息设置、新闻管理、图片新闻管理、实验管理、试题管理、奖励管理、学校管理、专业管理等 11 项管理功能（见图 2-2）。

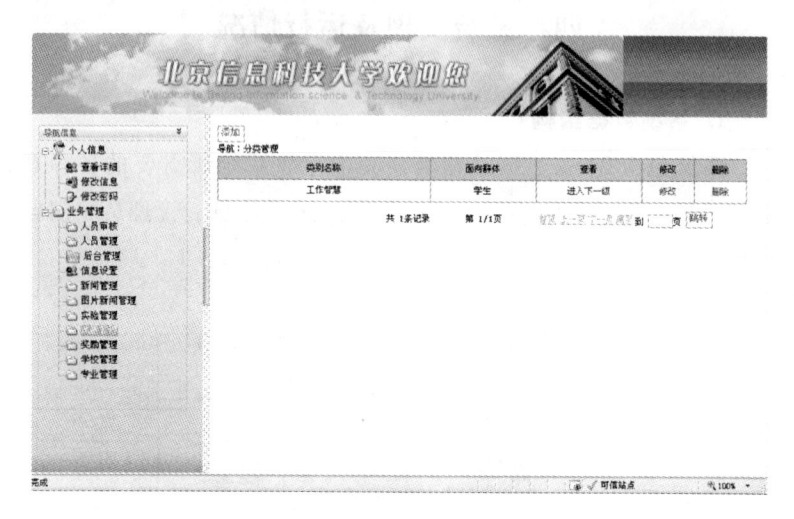

图 2-2　管理人员登录后的操作界面

要组织一个实验，组织人员首先要进入试题管理，增加系统机动部分的试题，以考核参试人员的各方面技能，每一大类题目中都可以包含单选题、精确多选题、累加多选题、填空题等各种不同题型，增加的每一类题目都应首先确定总的分值、单个选项的分值，以便最后统计成绩使用。

增加题目完成之后，就进入实验管理环节，组织人员要增加一个具体实验，指定三轮次中每轮次的三个拟定的不同就业率，前两轮次的主要目的是希望参试人员体验本系统的评价方法，第三轮为最后采纳的评价数据。

在启动实验后，组织人员要添加本实验的信息设置，因为每个具体实验考察的具体目的不同，需要采纳的参试人员信息不同，所以，这里根据单个的实验，组织人员可以添加独具特色的选择题或者填空题，让参试人员在注册时回答。

参试人员通过客户端登录本系统后，首先进行用户注册，注册信息提交后，组织人员可以在人员审核部分看到待审核的参试人员信息，在这些信息符合要求之后，可以批准参试人员参加实验。

参试人员在得到批准之后参加本次竞赛，竞赛部分包括实验指导、实验介绍、个人信息、若干机动试题部分以及三轮竞争（见图2-3）。

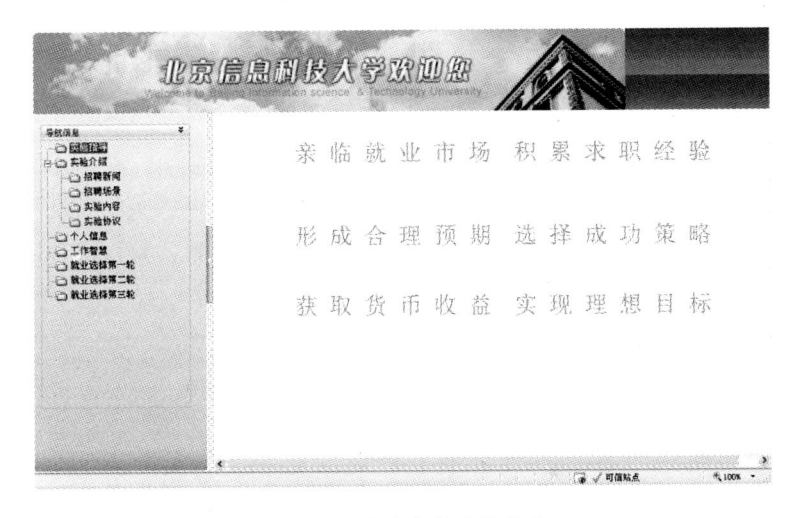

图2-3 参试人员登录成功

实验指导是本系统的帮助部分，如果用户在使用过程中遇到困难，可以随时寻求系统帮助。

实验介绍包括四部分：①招聘新闻，可以帮助参试人员了解当前的就业形势；②图片新闻，通过社会招聘图片给参试人员直观的介绍；③实验内容，向参试人员介绍本次实验的主要内容，这部分需要参试人员单击同意按钮，方可进入下一步操作；④实验协议，向参试人员介绍本次实验的实验协议，这部分也需要参试人员单击同意按钮，方可进入下一步操作。

填写个人信息是所有实验都必须进行的环节，主要收集参试人员的基本信息，了解参试人员的思想基础。

三轮次的竞争部分也是所有实验都必须进行的环节，其主要目的是在掌握参试人员的基本就业思路和要求之后，让他们根据当前就业市场的竞争激烈程度，做出自己的就业策略选择，并且允许他们通过竞争的过程进行学习，从而优化自己的就业策略。

个人信息与三轮次竞争之间的题目是各个实验不同的地方，组织人员可以根据自己实验的需要，添加、修改或删除其中的题目，以便实现自己的实验目的。

3. 实验主要接口

以下代码实现了在系统中的实验设置部分检查该实验名是否唯一、更新实验、更新实验状态、删除实验、设置实验协议和内容、更新实验协议和内容等主要接口。

```
/// < summary >
///检查该实验名是否被占用
/// </ summary >
/// < param name = "experimentName" > </ param >
/// < returns > </ returns >
public bool ExistsExperimentName（string experimentName）
{
    return experimentInfo.ExistsExperimentName（experimentName）;
}
/// < summary >
///更新实验
/// </ summary >
/// < param name = "experimentID" > </ param >
/// < param name = "experimentName" > </ param >
/// < param name = "arrRate" > </ param >
```

/// < param name = "experimentType" > < /param >

```
public void UpdateExperiment ( int experimentID, string experimentName, ArrayList arrRate, int experimentType)
{
    experimentInfo.UpdateExperiment ( experimentID, experimentName, arrRate, experimentType);
}
```

/// < summary >

///设置实验协议和内容

/// < /summary >

/// < param name = "experimentID" > < /param >

/// < param name = "organization" > < /param >

/// < param name = "phone" > < /param >

/// < param name = "email" > < /param >

/// < param name = "address" > < /param >

/// < param name = "content" > < /param >

/// < param name = "agreement" > < /param >

```
public void AddAgreement ( int experimentID, string organization, string phone, string email, string address, string location, string content, string agreement)
{
    experimentInfo.AddAgreement ( experimentID, organization, phone, email, address, location, content, agreement);
}
```

五 存在的问题及展望

经过本次系统改造，本实验系统已经完全能够在网络上以比赛的模式完成大学生就业策略问题的实验经济学研究，从实验组织到实验参与,从系统维护到系统升级,逻辑方法和实验基本完善,这是最大的收获。

但目前也仍然存在以下几个主要问题,有待下一步研究改进。

(1)机动部分题目和三轮次竞争内容尚有待进一步研究充实。

(2)最后的评价方法如何能对大学生在当前就业环境下的就业策略起到更为正确、积极的引导作用,还可以在下一步研究中进一步考虑。

(3)如何借鉴实验经济学实验的组织、实施理论和方法,更好地推进实验经济学的发展,提出实验经济学实验的设计方法原则,也是有待进一步研究的命题。

(4)农民工,特别是失地农民工的就业问题也面临更大压力。目前返乡农民工的数量大约占10%,超过1000万人①。本系统已为农民工就业预留了接口,完善和完成农民工就业策略研究也是下一步研究的具体内容。

本实验系统每年开展全国范围内的竞赛,每年9月接受各学校毕业班学生报名。比赛网址:http://game.bistu.edu.cn(比赛开始时开放);信息咨询网址:http://em.bistu.edu.cn。

展望未来,灵活自主地制定评价公式、选取评价样本,灵活地组织多种类、多次数的实验,从而涵盖社会经济生活和经济理论的更多方面,是实验经济学在中国的发展方向和内在需求。

参考文献

[1] 董志勇:《实验经济学》,北京大学出版社,2008。

---

① http://www.eol.cn/ze_ye_qu_shi_4374/20081224/t20081224_349774.shtml。

[2] 杜宽旗、蒙肖莲:《股票价格时间序列的隐藏瞬时模式识别方法研究》,《数量经济技术经济研究》2008年第5期。

[3] 杜宁华:《实验经济学》,上海财经大学出版社,2008。

[4] 甘小丰:《中国保险业效率结构的实证分析》,《数量经济技术经济研究》2008年第7期。

[5] 高鸿桢:《实验经济学导论》,中国统计出版社,2003。

[6] 葛新权、王国成:《实验经济学引论:原理·方法·应用》,社会科学文献出版社,2006。

[7] 金学军、杨晓兰:《实验经济学》,首都经济贸易大学出版社,2006。

[8] 林秀梅、王磊:《我国经济增长与失业的非线性关系研究》,《数量经济技术经济研究》2007年第6期。

[9] Smith V., "An Experimental Study of Competitive Market Behavior", *Journal of Political Economy*, April 1962, 70, pp. 111 – 137.

[10] Smith V., "Economics in the Laboratory", *Journal of Economic Perspectives*, 1994, Winter, pp. 113 – 131.

[11] Smith V., "Microeconomic Systems as an Experimental Science", *The American Economic Review*, December 1982, pp. 923 – 955.

第三章 2009年大学生就业实验经济学分析

本章介绍了大学生就业实验的组织依据和方法,并从心理底限、期望起薪、乐观起薪、选择工作时的首要依据和目标地域等方面对实验数据进行了分析,总结了北京大学生在三种起薪方面的主要数据特征:首先,提出大学毕业生的愿望是能够发挥自己的特长,能够实现个人价值的最大化;其次,要求尽可能稳定、优越的工资水平及福利,80%以上的北京大学生表达的愿望是留在北京工作;最后,总结了实验经济学研究在大学生就业中的作用。

一 北京大学生就业背景

据教育部统计,2008年全国普通高校毕业生达559万人,比2007年增加64万人。而全国高校毕业生总量还将继续增加,2009年高校毕业生规模达到611万人,比2008年增加52万人。

2008年毕业的大学生实际就业率不到70%[1]。中国社会科学院发布的2009年"经济蓝皮书"显示,截至2008年底,有100万名高校毕业生不能就业。

---

[1] http://www.eol.cn/mian_shi_4350/20081218/t20081218_348211.shtml.

2009年2月全国毕业生就业率是19%左右，3月上升到30%左右，到4月开始稳定在30%左右①。

北京地区学生签约率名列全国第五位，为42%，本科、高职高专毕业生平均签约月薪分别为2031元和1760元。全国本科生的平均薪酬为2283元，高职高专生平均薪酬为1936元。

二　实验设计原则

实验经济学是通过简单的实验来比较和评估各种相互竞争的理论的，这种比较和评估并不因简单实验没有完全模拟现实经济而影响其效力。同时，试图在实验室中完全实现现实环境的复杂性也是无益的。因此，"简单性"正是经济学实验的长处。

经过对实验经济学理论的总结，史密斯（2002年诺贝尔经济学奖获得者）提出以下5条微观经济实验的要求来规范所有的实验（Smith，1962，1987）。

（1）利益偏好的非饱和性（Non-satiation of Preferences）

获利越直接、越多，就越能表现真实的行为方式（如直接发放现金）。在实际实验实施中，我们尝试了多种激励机制。

（2）显著性（Saliency）

个人获得的报酬与他们在实验中的行为表现和决策明确挂钩。

（3）支配性（Dominance）

要求尽可能消除所有影响实验进行的主观故意。

（4）隐私（Privacy）

---

① 《中国大学毕业生就业报告（2009）》，http://news.e21.cn/html/2009/jyzd/201/20090611111604_1244690164401677025.htm。

每个参与者收到的信息只是关于个人的回报表,避免相互沟通和相互影响,以保证每个人的决策都是独立做出的。

(5) 平行性 (Parallelism)

要求实验所得到的结论能在其他实验室重复实现,更重要的是,所得到的结论也能在非实验环境下的真实世界(条件与实验室相似)中成立。

实验经济学之父史密斯教授系统地总结了多年来开展实验经济学工作的经验教训,概括出经济学实验三要素:环境、规则(可控变量)和参与者的可观测行为(Smith,1982,1987)。他阐述了实验经济学的实验方法至少能在七个方面发挥作用:检验或区分理论;探讨理论失效的原因;为建立新理论奠定经验规则;比较基础环境;比较运行规则;评估政策建议和在实验室里模拟制度(政策)设计(Smith,1994)。这也就是检验创建理论、政策分析模拟以及辅助企业决策三个环节。

随着实验经济学的发展,计算机模拟在实验经济学中的地位越来越受到人们重视。计算机作为实验辅助工具,作为传递信息工具,标准化实验环境等手段非常重要。我们本次借鉴实验经济学的基本思想和方法,采用计算机作为实验辅助工具,独立开发软件系统,完成了网络环境下大学生就业实验经济学实验,研究竞争程度不同的情况下,就业率对大学生的起薪标准等就业选择行为的影响。

三 实验分析

本次实验对北京部分高校毕业班学生的数据进行了分析,总结了一些非常有意义的现象,本章将从心理底限、期望起薪、乐观起薪、选择工作时的首要依据和目标地域五个方面进行讨论。

1. 心理底限

心理底限是大学生走入社会所能接受的薪酬底限，数据统计情况见表3-1和图3-1。

表3-1 心理底限数据

单位：%

心理底限 就业率	800元以下	800~1000元	1000~1500元	1500~2000元	2000元以上
90%	3.225806	54.83871	21.65899	15.20737	5.069124
75%	14.285710	55.76037	17.05069	9.21659	3.686636
55%	17.050690	50.69124	15.66820	13.36406	3.225806

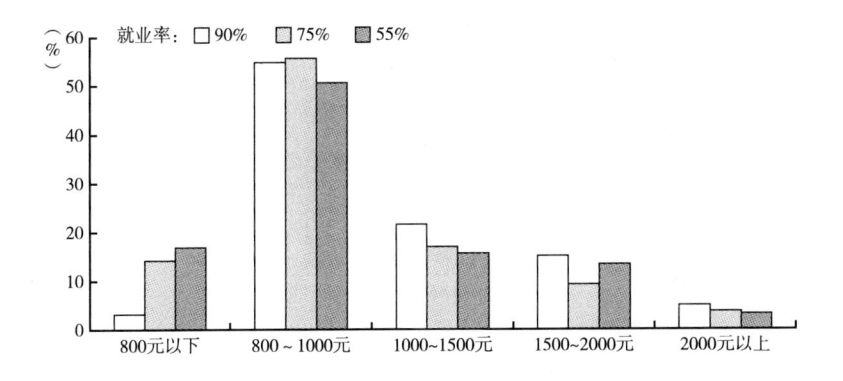

图3-1 心理底限数据

从表3-1和图3-1中可以发现，在就业过程中，800元、1000元、1500元和2000元是几个关键的心理点位，随着就业率的降低，也就是随着竞争激烈程度的加强，800元以下区域的比例呈明显上升趋势，1000元以上区域的比例呈明显下降趋势。而不管就业形势如何，大部分学生的就业心态比较理智，比较稳定地选择了800~1000元这一能够满足最低消费的薪金要求的区间。

2. 期望起薪

期望起薪是大学生走入社会所能接受的正常薪酬标准，数据统计情况见表 3-2 和图 3-2。

表 3-2　期望起薪数据

单位：%

就业率＼期望起薪	800 元以下	800～1000 元	1000～1500 元	1500～2000 元	2000～3000 元	3000 元以上
90%	0	2.764977	24.88479	47.46544	18.89401	5.990783
75%	0	17.511520	28.57143	37.78802	13.36406	2.764977
55%	0	16.203700	30.55556	34.25926	16.66667	2.314815

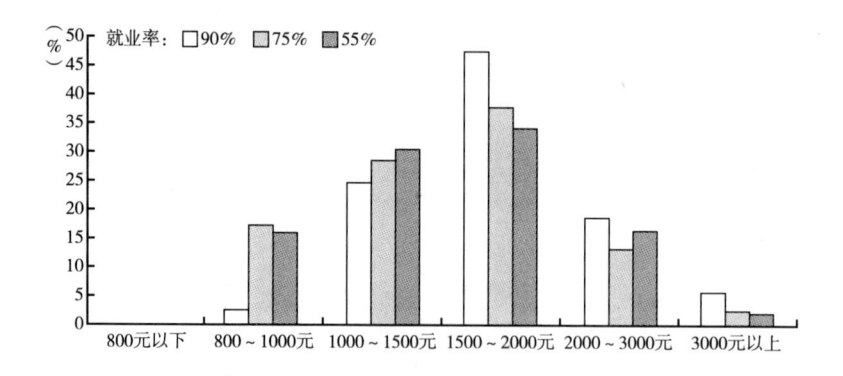

图 3-2　期望起薪数据

从表 3-2 和图 3-2 中，我们可以发现以下几个重要特点。

（1）不管就业形势如何，1/3～1/2 的大学生期望自己能达到 1500～2000 元的薪金水平。

（2）随着竞争越来越激烈，参试人员明显降低了起薪期望值。

（3）数据反映了学生在就业过程中的自我调节过程：800～1000 元部分的第三轮数据有所降低，2000～3000 元部分的第三轮数据有所提高。这个细节说明了有些学生在第二轮过激地调整了自己的期望，但在第三轮做出了修正。

（4）期望起薪中没有出现低于 800 元的薪资预期。

3. 乐观起薪

乐观起薪是大学生走入社会所能想象的最佳薪酬标准，数据统计情况见表 3-3 和图 3-3。

表 3-3　乐观起薪数据

单位：%

就业率＼乐观起薪	1000~1500元	1500~2000元	2000~2500元	2500~3000元	3000~4000元	4000元以上
90%	3.686636	17.97235	26.72811	29.49309	15.66720	6.451613
75%	21.658990	22.11982	22.58065	19.35484	10.59908	3.686636
55%	20.737330	23.50230	17.05069	20.27650	13.36406	5.069124

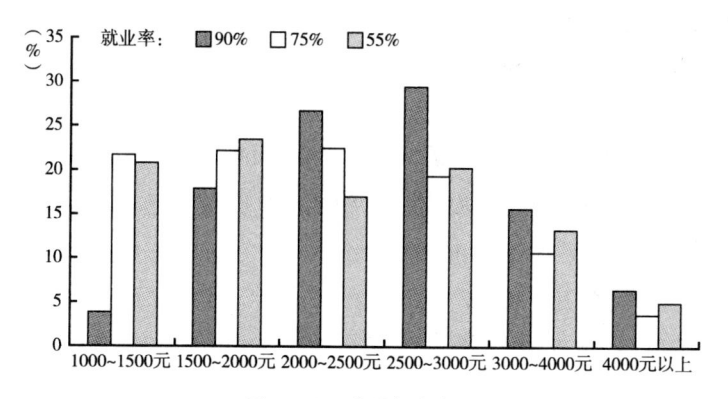

图 3-3　乐观起新数据

虽说是"乐观"起薪，但是样本反映参试人员还算比较实际，统计数据与现实生活的情况相差不远，只有少数人"狮子大张口"，喊到了10000元的高薪。1500~4000元的重要区间覆盖了超过90%的范围，并且数据分布较为均衡，这反映了参试人员的轻松心态。

4. 选择工作时的首要依据

选择工作的首要依据是学生面对就业时需要考虑的要素，数据统计情况见图 3-4。

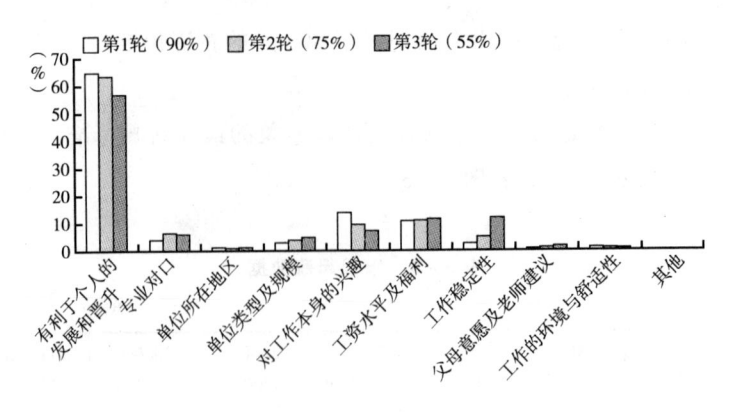

图 3-4　选择工作时的首要依据

对于工作选择时第一重要的因素，样本体现为"有利于个人的发展和晋升"。可见，就业人员首先抱的愿望是能够发挥自己的特长，能够实现个人价值的最大化。

对于选择工作时第二重要的因素，样本体现为"工资水平及福利"。不管竞争激烈程度如何，这一项指标保持了较为稳定的状态。这说明在当今时代，人们对于金钱的渴望和需求是自己能够实现价值后的第二重要理念。

随着竞争压力的加大，人们对"对工作本身的兴趣"这一项的看重程度有所降低，但不能完全扑灭人们对于自己兴趣的追求；同时，人们对"工作稳定性"的追求却越来越看重，这也从一个方面说明人们对竞争环境的恐惧心理，因此渴望稳定的生活。

5. 目标地域

目标地域是大学生毕业得到第一份工作最愿意选择的城市或者城市群，数据统计情况见图 3-5。

由于我们本批次实验选择的参试人员均为北京高校的学生，其中几乎 80% 以上的样本表达的愿望是留在北京工作，这也与现实生活的情况相符。

2010 年以来开展的全国范围的实验经济学实验选取了全国

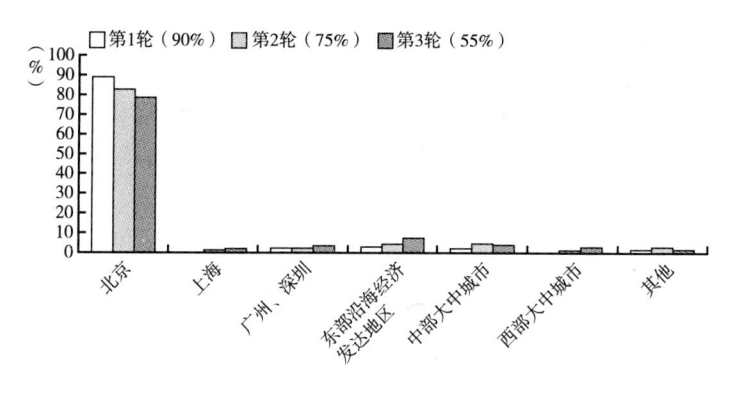

图 3-5　目标地域

多所较有代表性的高校学生作为研究对象，这些实验正在对此问题进一步研究。

四　实验经济学研究在大学生就业中的应用

本实验借鉴实验经济学的研究方法对大学生就业问题进行研究，为大学生毕业前搭建了一个模拟就业环境，允许学生在游戏过程中发现决定就业的重要因素，从而优化大学生的就业策略，提高大学生就业能力。

目前北京信息科技大学实验经济学实验室独立开发的这套具有自主知识产权的实验经济学实验平台，可以满足大学生就业实验的基本要求。目前该实验室正在组织不同地域、不同专业方向学生的就业实验，为更大范围的学生提供服务。

参考文献

[1] 葛新权、王国成：《实验经济学引论：原理·方法·应用》，社会科学文献出版社，2006。

[2] 《2009中国经济形势》，http://www.eol.cn/mian_shi_4350/

20081 218/t20081218_ 348211. shtml。

[3]《中国大学毕业生就业报告(2009)》,http://news. e21. cn/html/2009/jyzd/201/20090611111604_ 1244690164401677025. htm。

[4] Smith V. , "An Experimental Study of Competitive Market Behavior", *Journal of Political Economy* , 1962, pp. 111 – 137.

[5] Smith V. , " Economics in the Laboratory ", *Journal of Economic Perspectives*, Winter, 1994, pp. 113 – 131.

[6] Smith V. , "Microeconomic Systems as an Experimental Science", *The American Economic Review*, December 1982, pp. 923 – 955.

[7] Smith V. , *The New Palgrave: A Dictionary of Economics*, Macmillan Press Inc. , 1987.

第四章 2010年大学生就业实验经济学分析

在实验经济学中,经济理论的实验不可能完全复制现实经济的运行过程,我们构造的是与实际环境相似的实验室环境,让实验者在模拟的经济环境中做出反应。本章介绍实验经济学一个具体实验实例——大学生就业实验经济学实验。首先,介绍系统的设计和运行情况;其次,对实验结果进行简单分析,得出大学生就业时最看重的因素是发展前景;最后,对本次实验进行总结,并对实验经济学的发展进行展望。

一 实验运行结果

参试人员在每轮次竞争结束之后,可以见到自己在各分类指标中所处的位置,并根据竞争环境的变化做出自己竞争策略的改变;实验组织人员可以在管理平台上,对某一次实验或者多次实验进行汇总分析;系统管理员可以对多个实验组织人员的实验进行分类查询,并对查询结果进行统计分析。系统管理员对实验进行汇总的情况包括所有数据汇总情况、参试人员的心理底限、期望起薪、乐观起薪、选择工作时的首要依据以及选择工作时的目标地域等。期望起薪统计情况见图4-1,选择工作时的首要依据统计情况见图4-2。

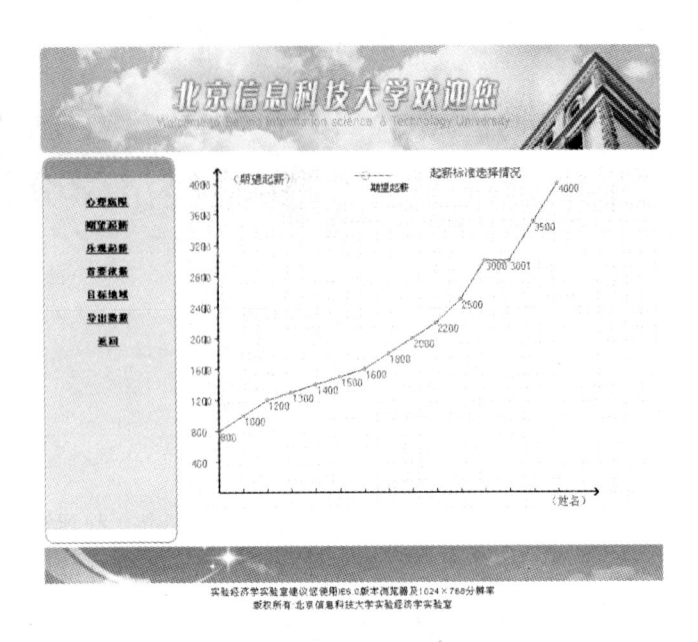

图 4-1　期望起薪

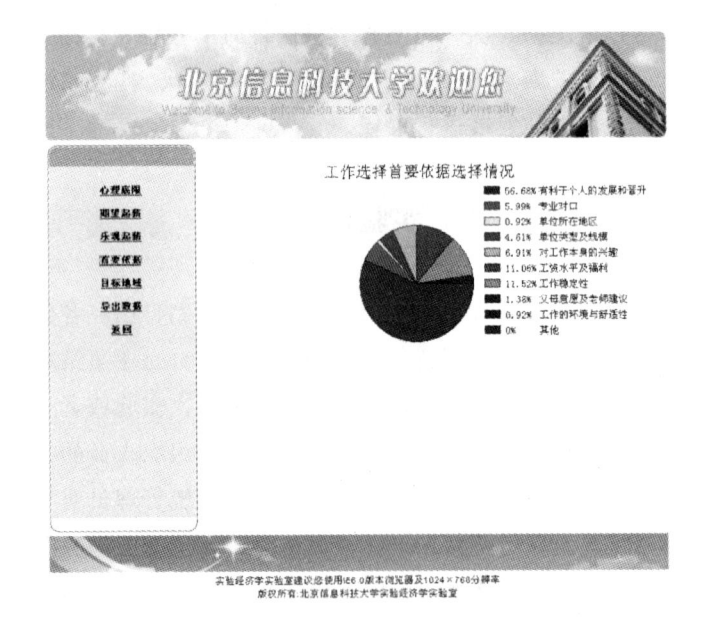

图 4-2　选择工作时的首要依据

每位参试人员在每个竞争轮次结束之后或者实验组织人员在实验结束后也可以见到类似的统计图形。

二 实验分析

根据对实验数据的分析,本章将从心理底限、期望起薪、乐观起薪、选择工作时的首要依据和目标地域五个方面进行讨论。

1. 心理底限

心理底限数据统计情况见表4-1。

心理底限数据中,800元、1000元、1200元、1500元和2000元是几个关键的心理点位,随着就业率的降低,也就是随着竞争激烈程度的加强,整个就业心理底限密集区域一直在围绕1000元这个点位下降。

表4-1 心理底限数据统计

轮次	心理底限(元)	人数(人)	占比(%)	合并占比(%)
轮次1 就业率90%	0	2	0.921659	
	300	1	0.460829	
	600	3	1.382488	
	700	1	0.460829	
	800	16	7.373272	
	1000	103	47.465440	
	1200	5	2.304147	
	1300	2	0.921659	
	1400	1	0.460829	91.70507
	1500	39	17.972350	
	1600	1	0.460829	
	1800	6	2.764977	
	2000	26	11.981570	
	2500	4	1.843318	
	3000	7	3.225806	

续表

轮次	心理底限(元)	人数(人)	占比(%)	合并占比(%)
轮次2 就业率50%	0	24	11.059910	同比大幅增加
	500	1	0.460829	
	600	2	0.921659	
	700	4	1.843318	
	800	46	21.198160	
	1000	75	34.562210	72.81105991
	1200	7	3.225806	
	1500	30	13.824880	
	1600	1	0.460829	
	1700	1	0.460829	
	1800	3	1.382488	
	2000	15	6.912442	
	2500	4	1.843318	
	3000	4	1.843318	
轮次3 就业率30%	0	11	5.069124	
	300	2	0.921659	
	500	1	0.460829	
	600	8	3.686636	
	700	15	6.912442	
	800	39	17.972350	密集区
	1000	71	32.718890	
	1100	1	0.460829	
	1200	3	1.382488	
	1400	1	0.460829	
	1500	29	13.364060	
	1600	4	1.843318	
	1750	1	0.460829	
	1800	2	0.921659	
	2000	22	10.138250	
	2500	6	2.764977	
	3000	1	0.460829	

当就业形势变得不好的时候，越来越多的人选择了0心理底限。选择600~800元心理底限的样本从9.2%、24.0%上升到28.6%，处于递增状态；选择1000元心理底限的样本从47.5%、34.6%下降到32.7%，处于下降态势；选择1500元心理底限的样本从18.0%、13.8%下降到13.4%，也处于微降过程；选择2000~3000元心理底限的样本从17.1%、10.6%变为13.4%，变化并不明显。我们推测在适应竞争环境后，就业环境的激烈状况，并不会严重影响那些对自己充满信心的学生的就业期望。但从选择最高3000元为底限的样本来分析（3.2%、1.8%、0.5%），选择高薪时，毕业生还是谨慎了很多。

2. 期望起薪

期望起薪数据统计情况见表4-2。

表4-2 期望起薪数据统计

轮次	期望起薪(元)	人数(人)	占比(%)	合并占比(%)
轮次1 就业率90%	800	2	0.921659	
	1000	4	1.843318	
	1200	7	3.225806	
	1300	1	0.460829	
	1500	46	21.19816	
	1600	6	2.764977	68.66359
	1800	25	11.52074	
	2000	72	33.17972	
	2200	2	0.921659	
	2300	2	0.921659	
	2500	23	10.59908	
	3000	14	6.451613	
	3500	6	2.764977	22.11982
	4000	5	2.304147	
	5000	1	0.460829	
	6000	1	0.460829	

续表

轮次	期望起薪(元)	人数(人)	占比(%)	合并占比(%)
轮次2 就业率50%	800	23	10.59908	24.88479
	1000	15	6.912442	
	1200	16	7.373272	
	1300	4	1.843318	
	1400	2	0.921659	
	1500	40	18.43318	56.2212
	1600	11	5.069124	
	1800	19	8.75576	
	2000	52	23.96313	
	2200	2	0.921659	
	2300	2	0.921659	
	2500	16	7.373272	11.52074
	3000	9	4.147465	
	3500	3	1.382488	
	4000	1	0.460829	
	5000	2	0.921659	
轮次3 就业率30%	800	17	7.834101	
	1000	18	8.294931	
	1200	16	7.373272	
	1300	8	3.686636	
	1400	8	3.686636	
	1500	34	15.6682	
	1600	8	3.686636	
	1800	21	9.677419	
	2000	45	20.73733	
	2200	3	1.382488	
	2500	20	9.21659	
	3000	13	5.990783	
	3500	4	1.843318	
	4000	1	0.460829	

在期望起薪中，最重要的点位是1500元和2000元，大部分参试人员将这两个点位作为分水岭。同心理底限部分类似，随着

市场竞争压力的增加,就业者的期望起薪中心越来越往低处移动。不同的是,期望起薪中没有出现低于 800 元的薪资预期。另外一个有意思的现象是,在竞争最激烈的第三轮,大家的期望起薪呈现一种分散的态势,除了 1500 元、2000 元等关键点外,各个点位的分布较为均匀,这可能与市场的竞争加剧,促进了就业人员对自己深刻而全面的认识,更容易找准自己的定位有关。

3. 乐观起薪

乐观起薪的数据统计情况见表 4-3。

表 4-3 乐观起薪数据统计

轮次	乐观起薪(元)	人数(人)	占比(%)
轮次 1 就业率 90%	1500	8	3.686636
	2000	39	17.972350
	2500	58	26.728110
	3000	64	29.493090
	3500	4	1.843318
	4000	30	13.824880
	5000	8	3.686636
	6000	3	1.382488
	7000	1	0.460829
	9000	1	0.460829
	10000	1	0.460829
轮次 2 就业率 50%	1500	47	21.658990
	2000	48	22.119820
	2200	1	0.460829
	2500	48	22.119820
	2800	1	0.460829
	3000	41	18.894010
	3500	4	1.843318
	4000	19	8.755760
	5000	5	2.304147
	6000	1	0.460829
	8000	1	0.460829
	10000	1	0.460829

续表

轮次	乐观起薪(元)	人数(人)	占比(%)
轮次3 就业率30%	1000	1	0.460829
	1200	1	0.460829
	1500	43	19.815670
	1800	1	0.460829
	2000	50	23.041470
	2100	1	0.460829
	2500	36	16.589860
	3000	44	20.276500
	3500	7	3.225806
	4000	22	10.138250
	4500	1	0.460829
	5000	5	2.304147
	6000	3	1.382488
	8000	1	0.460829
	10000	1	0.460829

在乐观起薪中，最重要的点位包括1500元、2000元、2500元、3000元、4000元。重要点位均覆盖了超过90%的范围，并且体现了所有数据的一个特征：各点位之间的差别或距离越来越大。

对于理想起薪，选择万元高薪的参试人员还是少数，参试人员可能对高薪有"高处不胜寒"的感觉，表现得比较谨慎。

随着竞争压力的加大，甚至有人把1000元作为乐观起薪，这不得不让我们为参试人员的心理状态以及他们对中国就业市场的态度而担心。

4. 选择工作时的首要依据

选择工作时的首要依据数据统计情况见表4-4。

表 4-4　选择工作时的首要依据数据

单位：%

统计项	第1轮	第2轮	第3轮
有利于个人的发展和晋升	64.06	63.13	56.68
专业对口	4.15	6.45	5.99
单位所在地区	1.38	0.92	0.92
单位类型及规模	2.76	3.69	4.61
对工作本身的兴趣	13.36	9.22	6.91
工资水平及福利	10.60	10.60	11.08
工作稳定性	2.30	5.07	11.52
父母意愿及老师建议	0.46	0.92	1.38
工作的环境与舒适性	0.92	0	0.92
其他	0	0	0

从总体上说，样本表现出来的参试人员对"有利于个人的发展和晋升"的看重程度，虽然随着竞争的激烈加剧而有所减弱，但是选择了首先看是否"有利于个人的发展和晋升"的人的比重保持在56%以上。可见，就业人员首先抱的愿望是能够发挥自己的特长，能够实现个人价值的最大化。

5. 目标地域

目标地域的数据统计情况见表4-5。

表 4-5　目标地域数据

单位：%

地　域	第1轮	第2轮	第3轮
北京	90.78	84.33	79.92
上海	0.46	0.92	1.84
广州、深圳	2.30	2.30	3.22
东部沿海经济发达地区	2.76	4.15	6.91
中部大中城市	1.84	4.61	3.69
西部大中城市	0	0.92	2.76
其他	1.84	2.76	1.84

我们猜想，如果将样本换为其他城市的参试人员，其结果可能会有所变化。但随着竞争压力的增大，人们倾向于到他们以为生活压力较小的城市去生活这一趋向应该不会改变。

三　小结

本实验获得了一些珍贵的数据，总结了一些基本结论，比如对大学生就业时关键的心理底限、期望起薪和乐观起薪的定位，以及影响大学生就业的最重要影响因素和目标地域的影响拐点等进行了分析。

实验系统已经申请软件著作权，可供以后同类实验的进一步研究和使用，也欢迎有兴趣的研究人员与我们联系合作事宜。

总结起来，实验和实验系统还存在以下几个重要问题。

（1）实验系统组织成本较高：需要有专业的系统开发人员，目前的实验降低了组织其他类型实验的可能性。

（2）实验评价体系有待进一步完善：如何才能得到自己最想要的数据，目前对评价公式的选取还不够灵活。

（3）参试人员个体之间的竞争表现还不够激烈和直接。

展望未来，我们希望编制一套能够展现参试人员单人、多人之间直接表现竞争的软件套件，可以灵活自主地制定评价公式、选取评价样本，可以灵活地组织多种类、多次数的实验，可以涵盖社会经济生活和经济理论的更多方面，这也会是中国实验经济学的发展方向和内在需求。

参考文献

［1］高鸿桢：《实验经济学导论》，中国统计出版社，2003。

［2］葛新权、王国成：《实验经济学引论：原理·方法·应用》，社会

科学文献出版社，2006。

[3] 黄涛：《博弈论教程：理论·应用》，首都经济贸易大学出版社，2004。

[4] 郑耀东、蔡骞：《ASP.NET 网络数据库开发实例精解》，清华大学出版社，2006。

[5] Smith V., "An Experimental Study of Competitive Market Behavior", *Journal of Political Economy*, April 1962, 70, pp. 111 – 137.

[6] Smith V., "Microeconomic Systems as an Experimental Science", *The American Economic Review*, December 1982, pp. 923 – 955.

[7] Smith V., "Economics in the Laboratory", *Journal of Economic Perspectives*, 1994, Winter, pp. 113 – 131.

第五章　2011年大学生就业实验经济学分析

本章数据来自中国大学生就业模拟大赛的原始及回访数据。首先，介绍了当前背景及比赛概况；其次，对数据进行了概述；再次，进行了几方面的分析；最后，就专业对口、就业地点、继续深造、就业策略等问题，根据数据分析提出了建议措施。

一　分析背景

1. 大学生就业现状

2009年，全国约有610万名大学毕业生，与此同时，经济危机席卷全球，在这样的态势下，大学生就业成为一个严峻的社会问题。随着高校的连年扩招，加之每年存在尚未就业的大学生，以及部分大学生不甚合理的择业观，就业市场上人才供给与需求产生了矛盾，这种矛盾既有供给过剩，也有需求不足。

2011年大学毕业生人数为660万人，比2010年增加了30万人，就业压力和结构性矛盾并存，高校毕业生就业形势依然严峻。从中长期来看，我国大学生就业将面临巨大的挑战，就业形势不容乐观。中国劳动力成本上涨无法避免，其原因在于供求关系，而非"血汗工厂"中工人意识的觉醒。中国曾经拥有大量廉价劳动力，但目前中国已到达"刘易斯拐点"，劳动力优势随之消失，同时出现的还有工资、消费的上升和通胀的加剧。现如今，我国高等教育逐渐普及，进入大众化阶段，与之相应的高校毕业生就业问题日趋严峻，大学生就业已成为大学生、家庭和社会关注的热点。

2. 研究目的

本研究结合当前经济环境和就业形势，根据每年 9~11 月举行的中国大学生就业模拟大赛获得的数据，包括个人基础数据、社会背景和就业能力，以及心理底限、期望起薪、乐观起薪、选择工作时的首要依据和目标地域等多个方面，主要研究如何提高中国大学毕业生的就业能力，全面分析大学生在不同经济环境下最优的就业策略。

通过比赛数据，并结合社会实际情况，进行理性的数据分析，从而得出对分析与预测当今中国大学生就业能力有价值的结论。由实际到理论再到实际，切实结合当前大学生就业现状，由数据分析结论得出现在大学生就业难的原因，并提出解决办法，为缓解就业压力、优化配置人力资源提供科学依据。

3. 研究手段

本研究采用实验经济学的基本思路和方法，以全国比赛的形式来呈现，这是本项目在重要实验方法上取得的突破。参加比赛的学生是各大学的大四毕业生，他们的大学学习基本告一段落，开始考虑就业问题。他们可以足不出户，只要在有网络的地方都可以参加本项比赛。学生首先注册用户，系统认证通过后，就可以参加比赛了。在输入个人基本信息、学习情况、社会关系之后，参试者要对系统设定的几个方面的就业基本素质问题做出回答，接着是三个轮次九个场景的就业策略竞争，经过学习调整自己的就业策略，参试者最后可以看到自己在所有参赛学生中的排位情况。

通过实验经济学的模拟和仿真、比较与评估、行为分析和心理研究等方法，实验者设计并举办了两届中国大学生就业模拟大赛，并对毕业大学生的就业情况和市场需求情况进行了分析，得出了就业形势预测，然后又通过回访收集数据，并对有效数据进行了科学理性的分析，最后结合现实状况分析影响因素，提出了解决大学生就业问题的办法。

二 数据概述

1. 数据介绍

本章所采用的数据来自中国大学生就业模拟大赛的原始数据及调查回访数据，其中原始数据548份，调查回访有效数据236份，本章所使用的数据主要来自调查回访的236份数据。

在样本数据中，男性112人，占47.5%，女性124人，占52.5%。其中：158人已经就业，占67.0%；农村生源117人，城市生源119人；硕士学历2人，本科学历231人，大中专及其他学历3人。所有样本的现平均月薪为2950.15元，最高月薪为10000元。

2. 分析思路

①对就业现状数据的分析；②大学生基本属性对就业的影响；③大学生个人内在能力及相关因素对就业的具体影响；④大学生的其他因素对就业的影响；⑤对比赛就业数据与实际就业情况进行比较并分析差异原因；⑥分析差异原因，并提出综合解决办法。

三 数据分析

1. 已就业人员的数据基本情况分析

（1）已就业人员的专业对口情况

由图5-1可知，在已就业的大学毕业生中，专业对口的占79%，专业不对口的占21%。

专业不对口
21%

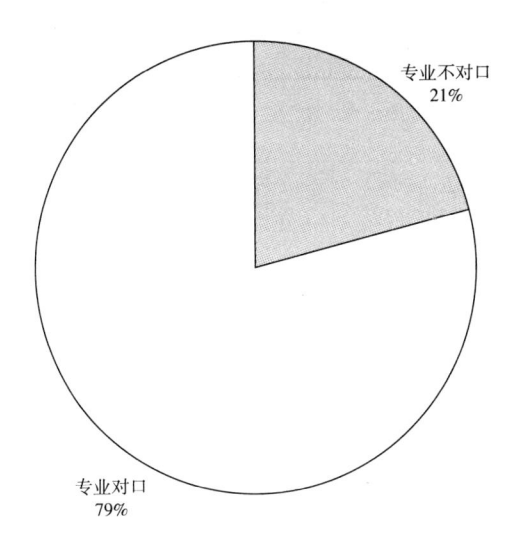

专业对口
79%

图 5-1　已就业人员的专业对口情况

（2）已就业人员的行业与薪酬水平分析

采用探索性分析后，发现已就业的大学毕业生在房地产行业薪酬水平最高，月薪为 6100 元，但其标准误（即误差值）也最大，为 2900 元；就业人员中薪酬水平最低的为旅游业，月薪仅为 2250 元，标准误较小，为 250 元（见表 5-1、图 5-2）。

表 5-1　已就业人员的行业与薪酬水平

单位：元

所处行业			统计量	标准误
IT	均值		3053.85	220.90
	均值的 95% 置信区间	下限	2572.55	
		上限	3535.15	
	标准差		796.47	
	极小值		800.00	
	极大值		4200.00	
财务	均值		2433.33	284.80
	均值的 95% 置信区间	下限	1207.94	
		上限	3658.73	
	标准差		493.29	
	极小值		2100.00	
	极大值		3000.00	

续表

所处行业			统计量	标准误
房地产	均值		6100.00	2900.00
	均值的95%置信区间	下限	−30747.99	
		上限	42947.99	
	标准差		4101.22	
	极小值		3200.00	
	极大值		9000.00	
广告	均值		2900.00	1100.00
	均值的95%置信区间	下限	−11076.83	
		上限	16876.83	
	标准差		1555.63	
	极小值		1800.00	
	极大值		4000.00	
国际贸易	均值		4033.33	887.57
	均值的95%置信区间	下限	214.43	
		上限	7852.23	
	标准差		1537.31	
	极小值		3000.00	
	极大值		5800.00	
教育	均值		2500.00	500.00
	均值的95%置信区间	下限	−3853.10	
		上限	8853.10	
	标准差		707.11	
	极小值		2000.00	
	极大值		3000.00	
金融	均值		2961.54	631.60
	均值的95%置信区间	下限	1585.41	
		上限	4337.67	
	标准差		2277.26	
	极小值		1000.00	
	极大值		10000.00	

续表

所处行业			统计量	标准误
旅游	均值		2250.00	250.00
	均值的95%置信区间	下限	-926.55	
		上限	5426.55	
	标准差		353.55	
	极小值		2000.00	
	极大值		2500.00	
汽车	均值		2750.00	750.00
	均值的95%置信区间	下限	-6779.65	
		上限	12279.65	
	标准差		1060.66	
	极小值		2000.00	
	极大值		3500.00	
未知	均值		2900.00	100.00
	均值的95%置信区间	下限	1629.38	
		上限	4170.62	
	标准差		141.42	
	极小值		2800.00	
	极大值		3000.00	
会计	均值		2462.50	579.08
	均值的95%置信区间	下限	1093.19	
		上限	3831.81	
	标准差		1637.89	
	极小值		200.00	
	极大值		6000.00	
机械	均值		2576.92	179.08
	均值的95%置信区间	下限	2186.73	
		上限	2967.11	
	标准差		645.70	
	极小值		1800.00	
	极大值		4000.00	

续表

所处行业			统计量	标准误
建筑业	均值		2671.25	340.12
	均值的95%置信区间	下限	1866.99	
		上限	3475.51	
	标准差		962.01	
	极小值		1800.00	
	极大值		4270.00	
咨询	均值		4050.00	997.08
	均值的95%置信区间	下限	876.85	
		上限	7223.15	
	标准差		1994.16	
	极小值		2700.00	
	极大值		7000.00	
物流	均值		3375.00	625.00
	均值的95%置信区间	下限	-4566.38	
		上限	11316.38	
	标准差		883.88	
	极小值		2750.00	
	极大值		4000.00	
销售	均值		2656.25	108.77
	均值的95%置信区间	下限	2424.41	
		上限	2888.09	
	标准差		435.08	
	极小值		2000.00	
	极大值		3300.00	
信息管理	均值		3233.33	433.33
	均值的95%置信区间	下限	2119.41	
		上限	4347.25	
	标准差		1061.45	
	极小值		2000.00	
	极大值		4400.00	
制造	均值		2500.00	500.00
	均值的95%置信区间	下限	-3853.10	
		上限	8853.10	
	标准差		707.11	
	极小值		2000.00	
	极大值		3000.00	

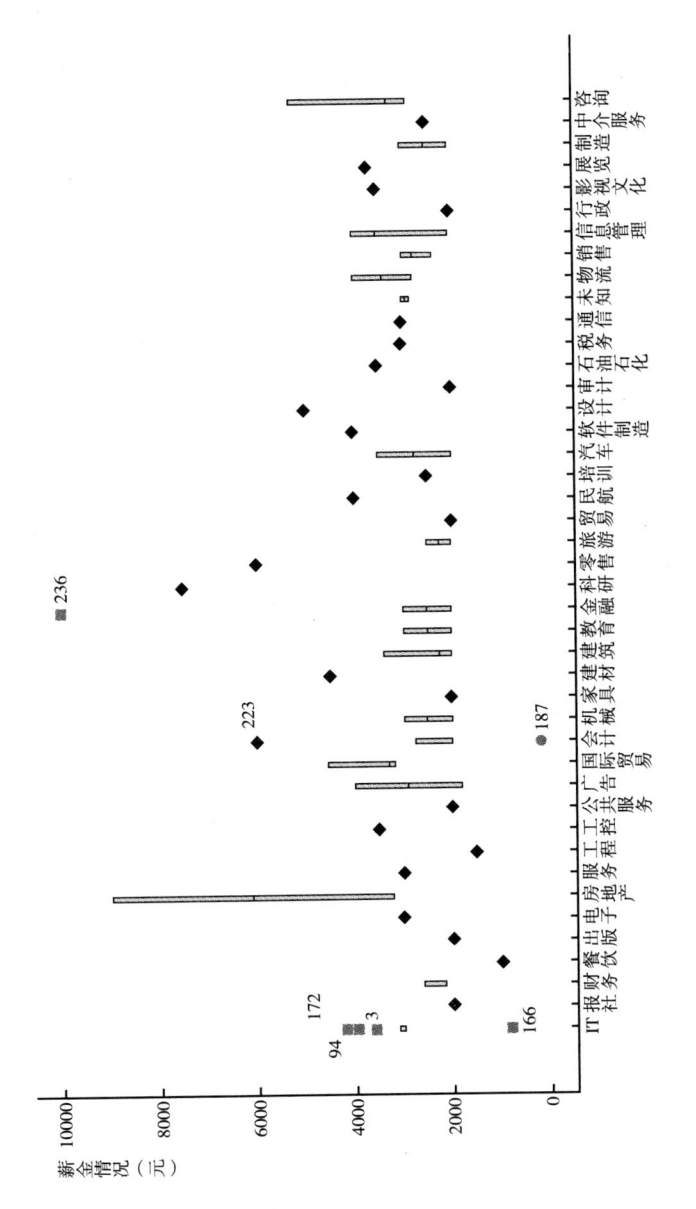

第五章 2011年大学生就业实验经济学分析 | 079

图 5-2 已就业人员的行业与薪酬水平

(3) 是否就业人员中男女人数情况

利用交叉列联表对是否就业与性别数据进行分析,得出已就业人员中女生78人,男生80人。根据数据分析得出,由于卡方的 P 值 = 0.164 > 0.05,因此应接受原假设,即认为性别与是否就业是相互独立的,说明男女大学生的就业比例基本相同,无显著差异(见表5-2、表5-3)。

表5-2 是否就业人员中男女人数情况

单位:人

是否就业	性别 女	性别 男	合计
未就业	46	32	78
已就业	78	80	158
合计	124	112	236

表5-3 是否就业人员中男女人数情况的卡方检验

	值	df	渐进 Sig.(双侧)	精确 Sig.(双侧)	精确 Sig.(单侧)
Pearson 卡方	1.933[a]	1	0.164		
连续校正[b]	1.567	1	0.211		
似然比	1.941	1	0.164		
Fisher 的精确检验				0.170	0.105
线性和线性组合	1.925	1	0.165		
有效案例中的 N	236				

注:a 表示0单元格(.0%)的期望计数少于5,最小期望计数为37.02。b 表示仅对 2×2 表计算。

(4) 已就业人员中就业地点分布状况

由图5-3可知,已就业人员中的81.21%分布在北京、上海、广州、深圳这些特大型城市;东部沿海经济发达地区则为12.75%,且集中在江苏、浙江、山东等省的沿海经济发达地区。

(5) 就业地点和户籍所在地的交叉分析

考虑到户口所在地对就业地点的影响,对就业地点和户籍所在地进行交叉列联表分析(见表5-4、表5-5)。

其他大中城市 0.67%
中部大中城市 5.37%
东部沿海经济发达地区 12.75%
北京、上海、广州、深圳 81.21%

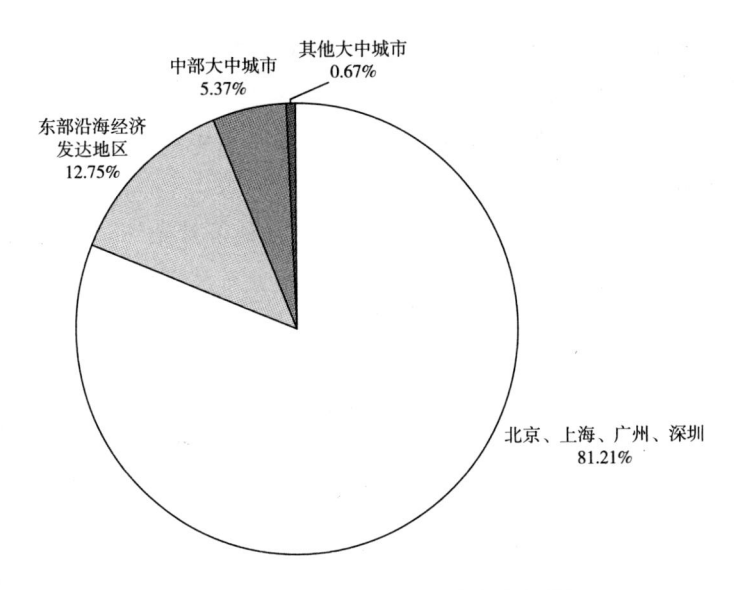

图 5-3　已就业人员中就业地点分布状况

表 5-4　就业地点和户籍所在地的人数情况

单位：人

就业地点	户口所在地					合计
	北京	东部沿海经济发达地区	广州、深圳	中部大中城市	其他	
	41	17	1	8	18	85
北京	102	4	0	5	9	120
东部沿海经济发达地区	1	8	1	6	4	20
广州、深圳	0	0	0	1	0	1
中部大中城市	0	0	0	4	3	7
其他	1	1	0	0	1	1
合　　计	145	30	2	24	35	236

表 5-5　就业地点和户籍所在地的卡方检验

	值	df	渐进 Sig.（双侧）
Pearson 卡方	106.830[a]	20	0.000
似然比	101.438	20	0.000
有效案例中的 N	236		

注：a 表示 21 单元格（70.0%）的期望计数少于 5，最小期望计数为 .01。

从表 5-4 及表 5-5 可见，户籍所在地和就业地点的相互影响是十分显著的。

2. 性别、专业及预期差异情况对是否有继续深造打算的影响程度

由性别（定义：0 = 女，1 = 男）与是否计划深造（定义：0 = 无，1 = 有）的交叉列联表分析可知，有计划深造的男生人数较多，为 39 人，而女生为 33 人。根据数据分析得出，由于卡方的 P 值 = 0.251 > 0.05，应接受原假设，即认为性别与是否有计划继续深造是相互独立的，这说明男女大学生的计划继续深造比例基本相同，无显著差异（见表 5-6、表 5-7）。

表 5-6　是否计划深造和性别的人数情况

是否计划深造	性别 女	性别 男	合计
无	42	34	76
有	33	39	72
合计	75	73	148

表 5-7　是否计划深造和性别的卡方检验

	值	df	渐进 Sig.（双侧）	精确 Sig.（双侧）	精确 Sig.（单侧）
Pearson 卡方	1.315[a]	1	0.251		
连续校正[b]	0.965	1	0.326		
似然比	1.317	1	0.251		
Fisher 的精确检验				0.324	0.163
线性和线性组合	1.306	1	0.253		
有效案例中的 N	148				

注：a 表示 0 单元格（.0%）的期望计数少于 5，最小期望计数为 35.51。b 表示仅对 2x2 表计算。

3. 个人能力和自信心对就业情况、收入及发展的影响

一般情况下，我们认为个人能力和自信心对就业后的薪金有比较直接的影响（需要指出的是，数据中的个人能力和自信心是由比赛系统根据参赛者的行为而决定的,故为客观的数据)。为证明该观点,我们假定其影响是不显著的。

(1) 自信心对薪金状况的单因素方差分析

从表 5-8 和表 5-9 可以看出,P 值落入接受域,即认为自信心的强弱对就业后的薪金状况的影响是不显著的。

表 5-8 自信心对薪金状况的单因素方差分析

	N	均值	标准差	标准误	均值的 95% 置信区间 下限	均值的 95% 置信区间 上限	极小值	极大值
强	48	3102.5000	1465.64270	211.54730	2676.9217	3528.0783	200.00	9000.00
较强	65	2826.1538	1339.45849	166.13938	2494.2523	3158.0554	800.00	10000.00
一般	16	3025.0000	1214.63300	303.65825	2377.7678	3672.2322	1000.00	6000.00
不足	1	2500.0000	.	.	.	.	2500.00	2500.00
总数	130	2950.1538	1364.90451	119.71004	2713.3046	3187.0031	200.00	10000.00

表 5-9 自信心对薪金状况的方差分析结果

	平方和	df	均方	F	显著性
组间	2405758.462	3	801919.487	0.425	0.736
组内	2.379E8	126	1888227.289		
总数	2.403E8	129			

(2) 能力对薪金状况的单因素方差分析

从表 5-10 和表 5-11 可以看出,P 值落入拒绝域,即认为能力对就业后的薪酬影响是十分显著的。

表 5-10 能力对薪金状况的单因素方差分析

	N	均值	标准差	标准误	均值的 95% 置信区间 下限	均值的 95% 置信区间 上限	极小值	极大值
强	27	3735.9259	2028.92594	390.46698	2933.3096	4538.5423	1000.00	10000.00
较强	86	2752.9070	1074.36314	115.85156	2522.5630	2983.2509	200.00	7000.00
一般	17	2700.0000	938.74917	227.68012	2217.3397	3182.6603	1000.00	5000.00
总数	130	2950.1538	1364.90451	119.71004	2713.3046	3187.0031	200.00	10000.00

表 5-11　能力对薪金状况的方差分析结果

	平方和	df	均方	F	显著性
组间	2.108E7	2	1.054E7	6.106	0.003
组内	2.192E8	127	1726313.584		
总数	2.403E8	129			

比赛系统中有两个题目，分别问参赛学生的自信心和能力，答案分别是"强、较强、一般、不足"和"强、较强、一般"。有意思的是，为什么自己对自信心的判断不能显著影响就业后的薪金水平，而对自己能力的判断却能显著影响就业后的薪金水平呢？我们认为学生基本能够准确地定位自己，可是自信心并不能完全代表能力的高低。

四　结论及建议

1. 专业对口问题

由样本数据可得，专业对口的比例占到了 79%，这说明大学生较为注重所学知识与自身求职的对口性，不同性别的大学生在就业与不就业的选择上差异不大。建议多数毕业生选择相对传统的行业，只有不断提升自身的实践能力和知识技能，尽快适应社会的要求，才能在不断发展的社会中找到适合自己的位置，为进一步的提升做准备。只有在适应了这些工作之后，才有可能在竞争激烈、规则混乱的新兴行业中取得自己想要的成功。

2. 就业地点问题

从已就业人员的就业地点分布状况可以看出，大部分毕业生倾向于在大城市或者东部沿海等经济发达地区就业，这与现实情况基本符合。建议毕业生根据自身的实力、职业目标以及生活实际，合理改进自己的择业观，不应过于专注于大城市与发达地区，有时退而求其次反而能够获得意想不到的成功。

3. 继续深造问题

在对于是否有继续深造打算的回访中，48%的毕业生有继续深造的打算，而其中大多数为已经就业并且对现状不满的毕业生。这表明毕业生普遍对自己的就业要求期望较高，并且认为深造可以给自己带来更好的职业发展，在已经就业的毕业生中，仍然不满现状并且希望深造或正在深造的毕业生占了绝大多数，这表明大学生在就业过后会感到自身在知识方面还有欠缺，因而急切地希望获得更高层次的教育和知识，这是十分正确的行为。而在当今大学生群体中，不乏许多按照家长要求而不经自己仔细规划和考虑就决定读研、读博甚至出国留学的，建议大学生应该在自己的大学时光中充分考虑自己今后的职业生涯规划，有明确的中长短期目标，并结合目标决定自己是选择继续深造还是选择就业。

4. 就业策略问题

以不同就业率下大学生的各种就业倾向数据为样本，我们得出了不同就业率条件下的大学生心理薪酬标准与实际薪酬的匹配情况。从该情况可以看出，就业率为80%的条件下薪酬的心理底线、期望起薪以及乐观起薪的相关性都为显著，这表明在就业环境较好的情况下，大学生给自身所设定的就业薪金标准是比较容易满足的，但随着就业率降低到70%、60%，这几项数据的相关性明显降低。国家相关部门的数据显示，2010年我国大学毕业生就业率约为70%，大学生自身的知识和技能必须符合社会及企业的要求，不然空谈希望的薪酬只能是纸上谈兵。

在80%的就业率下，就业首要目标选择中对工作本身感兴趣的毕业生平均薪酬是最高的，为3122.22元；在70%的就业率下，就业首要目标选择中工资及福利水平的毕业生平均薪酬是最高的，为3366.92元；在60%的就业率下，就业首要目标选择中单位所在地区的毕业生平均薪酬是最高的。建议在就业率较高的情况下，毕业生可以将与工作本身的诸多条件的选择作为首要目标，在满足基本需求的前提下更加注重提升自身的职业竞争力；一旦就业率下降，毕业生应倾向于首先满足较低层次的基本要求，以在激烈的竞争中谋求稳中求进；当就业率进一步下降时，可以将较好的工作地点作为首要目标，以期未来获得更好的发展。

在 80% 就业率的环境下，北京、上海等大城市的平均薪酬是较高的，这说明在就业机会均等的情况下，大城市能够提供更好的就业条件特别是薪酬；在 70% 的就业率环境下，东部及中西部大中城市的平均薪酬水平明显上升，而就业率在 60% 的情况下西部大中城市的平均薪酬是最高的。这也就进一步印证了前面提到的观点，在我国当前的经济大环境下，国家应该鼓励毕业生投身中西部地区的建设中去，那里有更多的岗位和更好的就业机会，而其相对薄弱的基础设施也会随着就业人口的西移而不断完善。从宏观上讲，鼓励毕业生在中西部地区就业不仅对毕业生本身的长期发展有好处，而且有利于改变我国目前的贫富不均、发展不均等现实，有助于缓和社会矛盾，促进共同富裕。综上所述，不同就业率下对首要就业地点的选择十分重要，大学生应该带着完善自身的任务和建设祖国的时代使命更好地选择自己的职业道路，为自己的成功打下坚实的基础。

参考文献

[1] 葛新权、王国成：《实验经济学引论：原理·方法·应用》，社会科学文献出版社，2006。

[2] 〔美〕弗农·史密斯：《实验经济学论文集》，李建标等译，首都经济贸易大学出版社，2008。

[3] 《中国大学毕业生就业报告（2009）》，http：//news.e21.cn/html/2009/jyzd/201/20090611111604_12446901644016 77025.htm。

[4] 《2009 中国经济形势》，http：//www.eol.cn/mian_shi_4350/

20081218/t20081218_ 348211. shtml。

[5] Smith V. , "An Experimental Study of Competitive Market Behavior", *Journal of Political Economy*, 70, 1962, pp. 111 – 137.

[6] Smith V. , "Economics in the Laboratory", *Journal of Economic Perspectives*, Winter, 1994, pp. 113 – 131.

[7] Smith V. , "Microeconomic Systems as an Experimental Science", *The American Economic Review*, December 1982, pp. 923 – 955.

[8] Smith, V. , *The New Palgrave: A Dictionary of Economics*, Macmillan Press Inc. , 1987.

第三篇 实验综合分析

第六章 大学生就业选择实验的设计、运行与结果分析

本章介绍了一个实验经济学的具体实验实例——大学生就业选择实验的设计、运行情况,并对结果进行了简单的分析。首先,介绍了实验的指导思想和目标,对实验基本结构(包括人员结构和系统结构)和实验环境(包括软件开发环境、软件运行环境和实验人文环境)进行了详细描述;其次,介绍了实验的运行情况,包括后台管理、监控管理、前台部分以及实验的报酬方法等;再次,对前期实验的有效数据进行了简单的分析,包括个人基本信息、三轮次多种数据等,得出学生就业时最看重因素为发展前景;最后,基于目前研究成果,对未来研究方向做出了预测。

一 引言

自 2002 年实验经济学之父弗农·史密斯(Vernon Smith)教授获得诺贝尔经济学奖之后,实验经济学得到了广泛的发展,在中国也掀起了实验经济学研究热潮。本章所论述的大学生就业选择实验就是一个具体的实验经济学实验设计实例。

弗农·史密斯曾说:实验经济学就是将实验室里的研究方法

用于探讨人们决策行为的动机，因为人都处于受一定规则（显性或隐性）支配的特定社会背景中并且相互影响①。

这段话至少包含了两方面的意思：一是实验经济学的主要研究工具是实验室方法；二是实验经济学的主要研究对象是人类决策行为的特点及动机，因为人们在各自的生存环境中，支配行为的规则和相互影响的方式是不同的。

因此，实验经济学或者经济学中的实验方法，是经济理论研究中实验方法的规范、系统和广泛应用，就是通过实验室建立和发展的经济学，或者说从实验室里产生的经济学。

基于这样的理解，我们结合实验室和现代网络的优点，设计了大学生就业选择实验，通过本实验，我们对实验经济学的理解更近了一步。实验者希望能够通过本实验推动实验经济学在中国的发展，并为实验经济学研究开辟一条新路。

大学生就业选择实验软件是北京信息科技大学实验经济学研究中心开发的一套实验软件系统。本章将对本系统的设计、运行情况进行介绍，并对已经进行的几次实验结果进行分析。

二　大学生就业选择实验的设计

1. 指导思想和目标

本项实验的指导思想是：结合实验室和现代网络环境，在给定不同的就业率和竞争系数的情况下，观察研究就业选择行为对起薪标准的影响及起薪标准的转折点。

本项实验的目标是：通过不同专业、不同学校、不同地域、不同层次人员的参与，根据他们在不同就业率和竞争系数环境下做出的个体就业选择策略，按照综合竞争力进行单个实验和系列

---

① 参见 V. Smith 为 ICES 门户网站写的文章《什么是实验经济学》中的表述。

实验的排名和统计。

2. 基本结构

本系统的基本结构可以从两个方面进行描述：人员结构和软件系统结构。

（1）人员结构

实验从总体上分为四种操作用户：超级管理员、操作员、监控组织人员以及参试人员（见图6-1）。

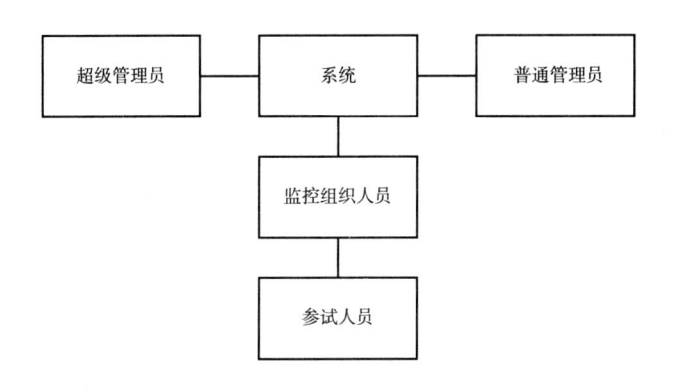

图6-1 人员结构

其中，超级管理员和操作员具有后台管理功能，并能够对历史数据进行汇总，超级管理员具有的特殊权限是对操作员、监控组织人员进行管理；监控组织人员是当次实验的组织者和监控者，负责设置实验参数、监控实验的进度，并对特殊情况通过系统做出处理，比如提醒甚至停止某位参试人员、紧急停止本次实验等；参试人员是实验的主体，通过签订实验协议、阅读实验简介进入实验系统，在实验过程中真实地填写自己的信息和选择。

（2）系统结构

从总体上看，整个实验分为三个轮次，在这三个轮次中，就业率和竞争系数各不相同（见图6-2）。

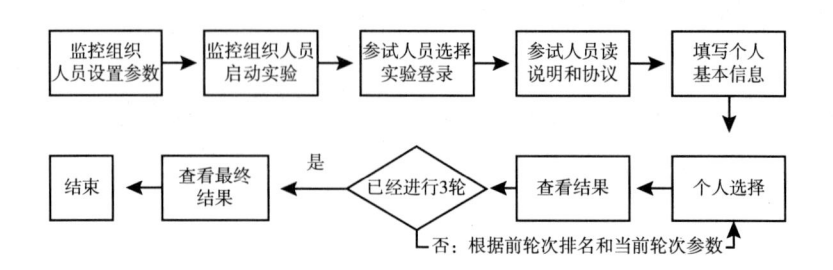

```
监控组织          监控组织人员      参试人员选择      参试人员读       填写个人
人员设置参数  →  启动实验     →   实验登录    →    说明和协议  →   基本信息
                                                                      ↓
结束 ← 查看最终结果 ← 是 [已经进行3轮] ← 查看结果 ← 个人选择
                         ↓否
                         根据前轮次排名和当前轮次参数 ↗
```

图 6-2　软件系统结构

流程图已经比较清晰，不再复述，需要补充的一点是，在每次进入下一个步骤时，所有参加实验的人员应该同步进入，这保证了大家总是处在相同的竞争环境下，同时根据上一轮次的结果进行下一个轮次的决策选择。

3. 实验环境

本章介绍实验的软件开发环境、运行环境和人文环境。

（1）软件开发环境

本软件采用当前流行的 B/S 结构，使用的开发工具是微软公司的 .net 平台：Asp.net，后台数据库采用微软公司的 SQL Server 2000 + SP3 数据库，操作系统使用 Windows Server 2003 企业版。

（2）软件运行环境

软件的运行总体上没有过多限制，客户端只要拥有网络连接，并具有网络浏览器，参试者就可以参加实验；监控组织人员也只要这些条件即可。

在服务器端，我们为了使系统更加稳定，采用的操作系统是 Windows Server 2003，应用服务器是 IIS6.0，数据库是 SQL Server 2000 + SP3。

监控组织人员平台和服务器端需要安装微软公司的 Microsoft Office 2003。

(3) 实验人文环境

由于充分利用了现代网络技术，实验开展既可以是封闭式的实验，也可以在大范围内进行开放式实验。

目前为止，这两种实验都已经顺利通过测试，系统运行情况正常。所谓封闭式实验，是指在自己的实验室内，不允许外界人员参与。目前北京信息科技大学实验经济学实验室配备有应用服务器1台，数据库服务器1台，高端教师机2台，高配置个人计算机终端16台，具备了组织相当规模实验的能力。

所谓开放式实验，是指参加实验的人员不是同处于实验室内，而是通过Internet网络进行实验。北京信息科技大学实验经济学实验室配有Cisco较高配置的路由器、交换机网络及摄像、投影设备，现在也已经基本具备提供开放式实验的能力。

三　大学生就业选择实验的运行情况

实验的运行需要管理员、监控组织人员、参试人员、后勤服务人员及网络管理人员密切配合才能顺利进行，这是一项比较庞大的工程，下面分别从几个方面进行描述。

1. 后台管理运行情况

后台管理主要通过普通管理员和超级管理员来实现，主要完成系统的设置和管理工作。管理员在经过有效性检查之后可以登录本系统（见图6-3）。

管理员可以对招聘实景、招聘新闻等进行管理，超级管理员还可以进行专业管理、学校管理和人员管理，并可以进行数据统计。选中其中1次或多次历史实验后，分别根据期望起薪、心理底限、乐观起薪、目标地域和工作选择首要依据进行统计，得到的结果见图6-4至图6-8。

图 6-3　管理员进入系统界面

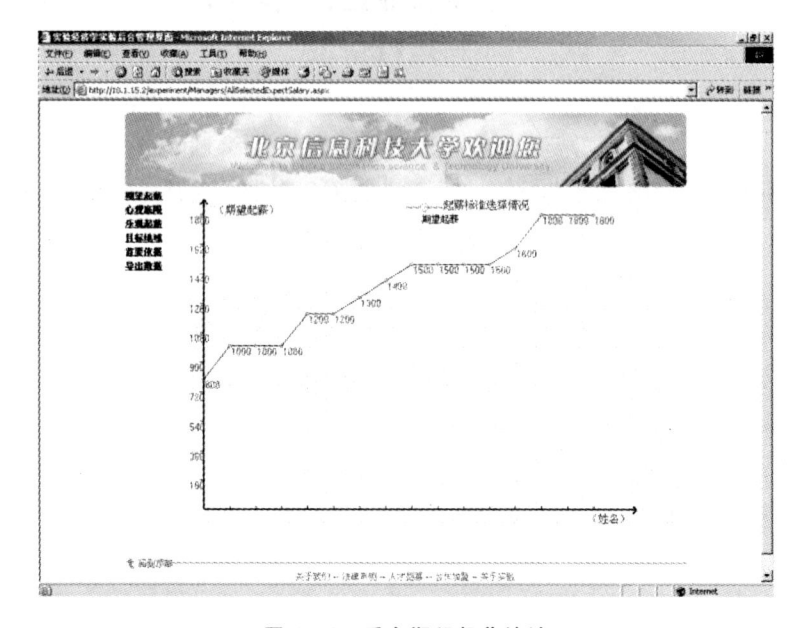

图 6-4　后台期望起薪统计

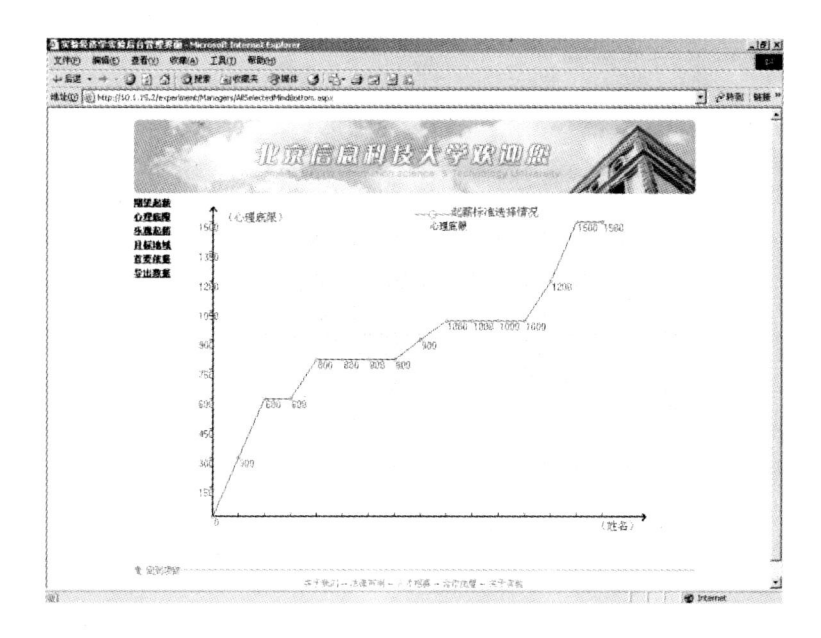

第六章 大学生就业选择实验的设计、运行与结果分析 | 097

图 6-5 后台心理底限统计

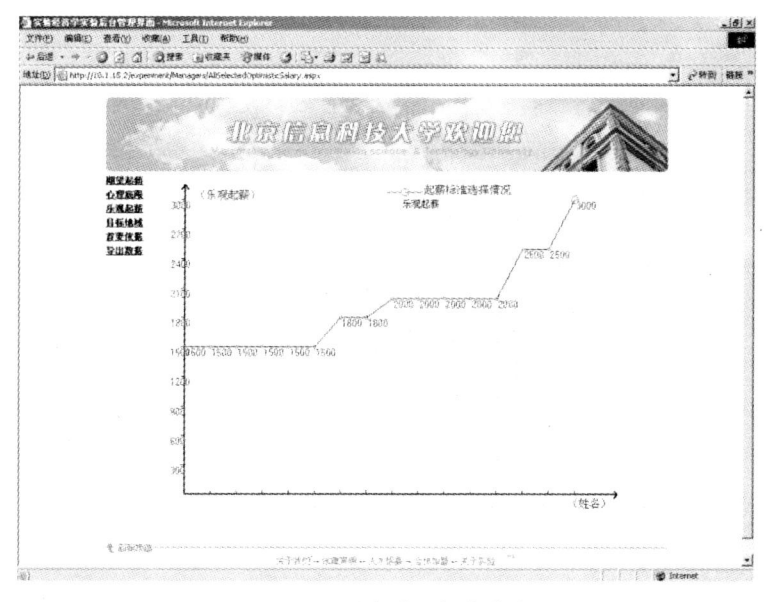

图 6-6 后台乐观起薪统计

图 6-7 后台目标地域统计

图 6-8 后台就业选择的首要依据统计

从图 6-4 至图 6-6 可以看出,其中不显示参试人员的姓名和编号,只显示选择或者输入的数据情况。

从图 6-7 至图 6-8 可以看出,系统可以立即得到根据数据库数据生成的统计结果,每种成分所占比率比较直观地显示在系统中。

如果希望得到更多统计结果,管理员还可以选择导出数据,以便利用其他统计工具进行进一步分析(见图 6-9)。

图 6-9 后台导出数据

通过数据导出,我们可以得到所选中所有实验的个人基本信息和三轮次中所有选择策略结果,从而使数据分析更加深入。

2. 实验组织人员部分的运行管理

(1)实验启动

组织人员首先设定实验参数,在设定实验参数之后,可以启动实验,并可以立即看到当前系统的运行情况和实验参与者的情况(见图 6-10、图 6-11)。

图 6-10　设定实验参数

图 6-11　组织人员启动实验后

第六章 大学生就业选择实验的设计、运行与结果分析

（2）实验过程控制

实验启动之后，组织人员可以随时查看当前实验的进展情况（见图6-12），同时显示用户的姓名、身份证号码、所处 IP 地址、用户编号、当前动作等内容。

图 6-12 查看当前进度

组织人员可以随时查看已经出现的结果轮次的具体情况，此处仅以期望起薪为例，我们没有以用户姓名作为横坐标，而是以用户随机编号作为横坐标（见图6-13），必要时也可以通过显示姓名对照图（见图6-14），即时掌握当场实验参与人员的详细状态。这是我们系统设计实现的一个技术难题。当前这种做法解决了以下两个问题：①保护个人基本信息的问题；②保护统计结果界面的整洁视觉。

组织人员在每轮次结束后可以看到该轮次的综合排名（见图6-15）。

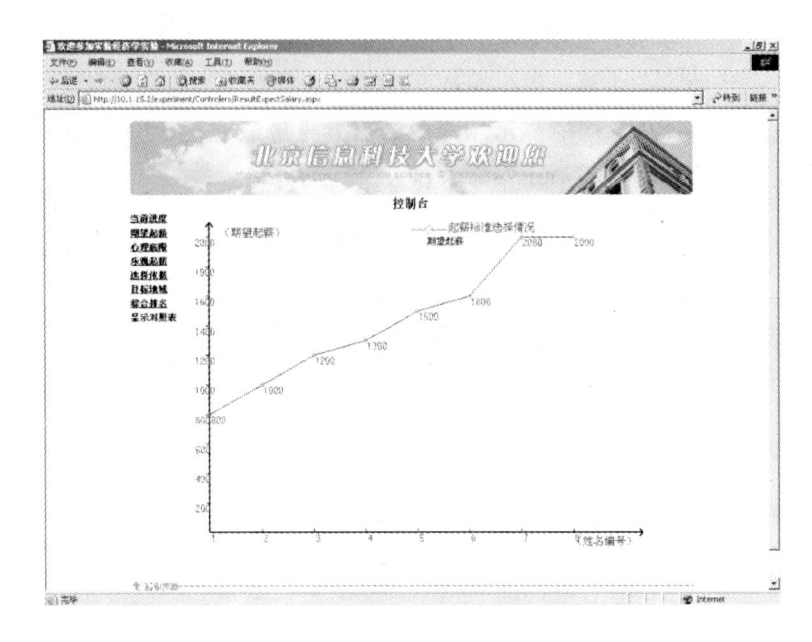

图 6-13　隐去具体信息的统计

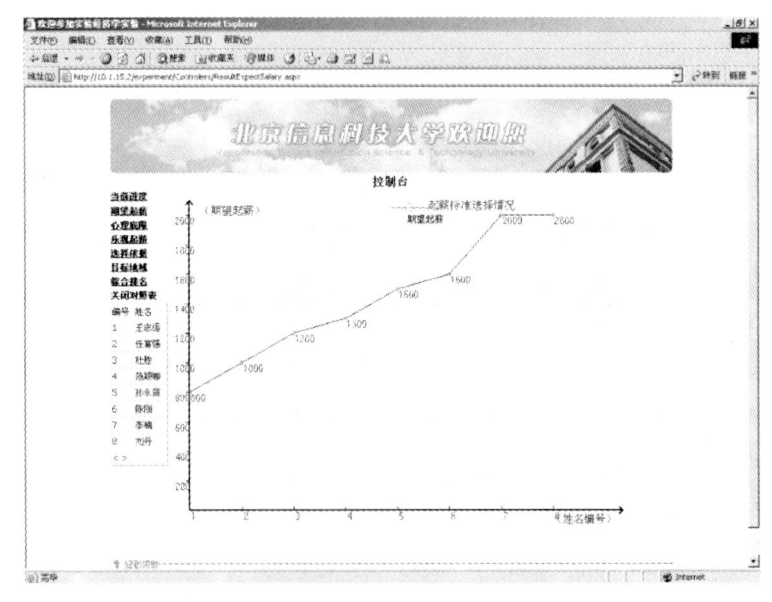

图 6-14　显示姓名对照

图 6-15　轮次综合排名

从图 6-15 中我们可以看到以下几个方面需要引起注意：①列出的内容比较全面，组织人员可以基本掌握用户输入信息的真实有效性；②对于最低消费，实验根据相关资料计算出当年度各地最低消费水平，并用来计算参试人员的最后竞争力水平；③对于收回投资年限，我们采用了负数反向控制法对出现特殊情况的案例进行了精心的考虑，避免了排序的混乱。

（3）实验例外控制

实验过程中也可能出现一些例外情况，比如需与用户沟通、停止用户甚至停止本次实验等，本系统对此均做了考虑。

①沟通问题

在实验的过程中，我们有时发现有些人员可能会过于关注某个问题，导致其他人员都长时间等待这些人员，这就需要组织人员进行提醒。但是如果参试者同时处在一个实验室内，这个问题就不是很严重。如果通过 Internet 网络向处于不同地域的参试者传送消息，就会显得比较麻烦，这是我们解决的一个技术难题。我们比较了可以采用的通信方法，如 QQ、MSN、E-mail、电话等，甚至在比较 Html 内嵌网页框架、隐式页面通信等网络方法之后，觉得这些方法对我们的系统来说均不是很合适，所以我们排除了大量的技术难关，设计并实现了系统独有的冒泡通信系统。

该系统可以允许组织人员向某一位用户发出提示，也可以实现向某些用户发出消息，提示他们相应的事项。

②停止用户

有时用户长时间不响应，这不一定是用户个人的原因，也可能是因为机器本身的问题或者 Internet 网络本身的问题，在沟通后仍然无回音的情况下，组织人员可以在选中某个或某些用户之后，停止他们的实验，以保证实验的顺利进行。

③停止实验

由于处在大的网络环境下，可能会遇到意想不到的情况，这些情况可能使实验无法继续进行；或者由于组织人员疏忽，将实验参数设置错误，也需要紧急停止实验，所以我们设计了紧急停止实验的功能。

3. 参试人员部分的运行情况

参试人员参加实验需要首先阅读实验内容说明，并在签订实验协议、输入自己的姓名和身份证号码后才能进入实验，在实验中浏览招聘实景、招聘新闻，掌握总的就业形势和政策之后，参试人员需阅读并单击同意本实验的实验说明和实验协议。

在保证所有人员均已完成上述内容之后，就可以进入下一步实验，否则需要等待其他参试人员完成上述内容，这就是本系统所要重点解决的在 Internet 环境下保证同步的技术难题。解决的基本思路是每个用户在操作完成每个网页之后都会在数据库中有所反映，在要求进入下一步时，首先检测系统所有用户的简单状态，从而获取同步信息。

用户在填写完个人基本信息（见图 6-16）之后，得到首轮个人选择所处的竞争环境，包括就业率和竞争系数（见图 6-17）。

第六章 大学生就业选择实验的设计、运行与结果分析 | 105

图 6-16 个人基本信息

图 6-17 轮次就业环境参数

完整的个人选择过程分为三个轮次循环，个人进行完个人选择（见图6-18）之后，可以查看本轮次结果，限于篇幅，本章仅以期望起薪为例（见图6-19）。

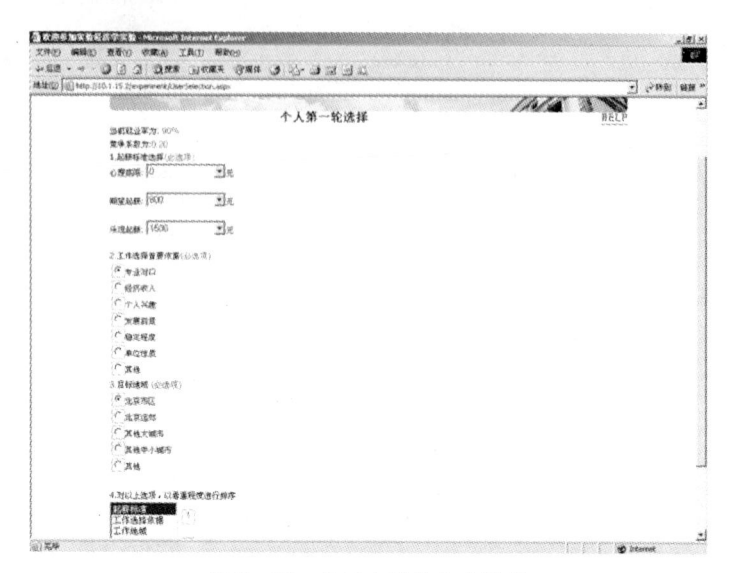

图6-18 参试人员的个人选择

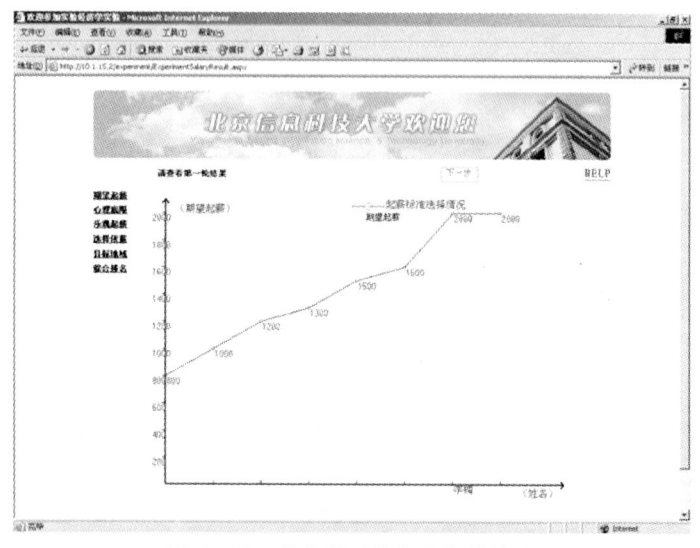

图6-19 前台看到的期望起薪统计

在个人选择过程中,如果是处于第二或者第三轮次,则在界面上可以看到上次或上两次的选择结果,这使用户在紧张的竞争环境中可以时刻根据以前的竞争经验,获取最佳的选择策略,从而获取更好的名次。

前台看到的统计图与后台和管理人员看到的统计图均有所差别,主要在于前台用户只看到自己在统计图中所处的位置,无法知道别人的具体数据。这样的考虑是基于以下两个方面的考虑。

(1)保护其他人员的隐私。

(2)有利于个体掌握自己群体中的竞争地位,从而可以调整竞争策略。

4. 实验报酬方法

为了让参与者保证自己信息的有效性,也为了保证实验的真实和有效性,本实验采用了有偿方式,在前期进行的实验中,我们采用了以下三个激励机制:①10~100元/人次的报酬;②学生日常加分;③学生课程加分。

各个参与者最终获得的报酬并不完全一致,而是经过对数据有效性和真实性认定之后,按照最后的竞争力排名对参与者给予相应的报酬。

从实验的情况来看,学生的参与热情较高,实验的态度比较认真,实验获取的数据较为真实,这为最后的数据分析提供了较为有利的基础。

四 大学生就业选择实验的结果分析

本实验自 2006 年 9 月开始,截至目前共进行了 6 次有效实验,共取得 96 份样本,有效样本为 70 份。其中,男生占 34.3%,女生占 65.7%;大四学生占 98%,大三学生占 2%;学生均来自北京信息科技大学;参与者的专业共计 12 个。

1. 个人基本信息数据结果分析

从实验情况来看,学生输入的个人基本信息比较真实,现在仅就其中几个数据进行分析。

(1) 几种费用及预期收回投资年限(见表6-1)

表6-1 几种费用及预期收回投资年限

	生活费(元)	学费(元)	其他费用(元)	收回投资预期年限(年)
最高	1300	5750	500	15
最低	150	4200	0	1
平均	445	4624	127	3.68

如果简单算一下学生4年的总花费:[(445+127)×12+4624]×4=45952元。按照平均收回投资预期年限3.68年计算,每月平均应剩余:45952/3.68/12=1040.58元,这种简单运算没有考虑资金的时间价值等其他因素。

(2) 费用来源(见表6-2)

表6-2 费用来源比例

单位:%

来源	贷学金	家庭	勤工俭学
比例	14.86	83.78	1.35

从表6-2可以看出,现在的学生仍然主要依赖家庭完成大学学业。

(3) 生源(见表6-3)

表6-3 生源比例

单位:%

生源	城市	农村
比例	48.65	51.35

从表6-3可以看出，北京信息科技大学的学生生源中城市家庭与农村家庭的比例基本持平。

（4）家庭收入（见表6-4）

表6-4 家庭收入比例

单位：%

家庭收入	5000元以下	5000~1万元	1万~5万元	5万~10万元	100万元以下
比例	27.03	21.62	32.43	17.57	1.35

从表6-4中可以看到，还有27.03%的农村生源家庭生活还不是很富裕，其家庭年收入处于5000元以下，却支撑了大学生最少4200元的学费。

2. 三种起薪数据结果分析

将实验样本数据汇总，可以得到如表6-5所示的结果。

表6-5 三种起薪三轮数据比较

单位：元

		心理底限	期望起薪	乐观起薪
最高值	第1轮	2000	3000	4000
	第2轮	2000	3000	4000
	第3轮	2500	5000	7000
最低值	第1轮	500	800	1500
	第2轮	500	800	1500
	第3轮	0	800	1400
平均值	第1轮	1112.86	1741.43	2514.29
	第2轮	1015.71	1617.14	2325.71
	第3轮	954.29	1521.43	2175.71

从表6-5可以看出，随着竞争越来越激烈，参试人员出现比较大的两极分化，最高值均呈现上升态势，而最低值则呈下降趋势，但是从整体上来看，随着环境的变化，参试人员平均认可

的起薪标准呈现较为明显的下降趋势。

本科生的心理底限最低已经出现 500 元甚至 0 元起薪,这一现象也值得经济学家和企业家关注,这一点在就业选择依据中也得到了体现(见表 6-6)。

表 6-6 其他数据统计结果

单位:人

		第 1 轮	第 2 轮	第 3 轮
就业选择依据	单位性质	2	2	2
	发展前景	35	38	34
	个人兴趣	10	7	4
	经济收入	15	10	6
	稳定程度	3	10	23
	专业对口	5	3	1
地域选择	北京		2	2
	北京近郊	1	1	1
	北京远郊	3	6	16
	北京市区	58	42	22
	其他大城市	8	18	21
	其他中小城市		1	6
	无所谓			1
因素重要性排序	123*	14	11	15
	132*	5	9	5
	231*	9	12	10
	213*	25	27	30
	321*	3	4	5
	312*	18	7	5

注:标注*处 1 为起薪标准;2 为就业首要选择依据;3 为工作地域选择。

根据表 6-1 计算的结果,大学生工作后平均每月应剩余 1040.58 元才能实现在希望收回投资年限内收回投资的愿望,此处得到的学生实际期望起薪为 1521.43 元,减去北京市 2005 年 7 月 1 日规定的最新北京最低生活保障金 300 元,尚余 1221.43

元。考虑本科生在就业后处于北京人群的经济中间层，再加上资金的时间价值等因素，大学生收回投资的愿望虽然基本可以实现，但是会比较紧张，或者会稍微拖后一些，并且这些计算还都是基于学生能够在毕业时顺利找到自己希望的工作的前提下进行的。

3. 其他数据结果分析

其他数据包括就业选择依据、工作地域选择以及对上述两种因素和起薪因素按照心理认可重要性进行的排序，其结果见表6-6。

从表6-6中我们可以发现以下现象。

（1）随着竞争越来越激烈，人们对稳定程度的重视程度越来越高，而不得不牺牲个人兴趣、经济收入和专业对口，这表达了人们在激烈竞争环境下对稳定的渴求，这也反映了党中央最近提出的"构建和谐社会"的政策导向符合人们的心理愿望。

（2）不管激烈程度如何，刚毕业的学生对于"发展前景"还是一直给予强烈的期望，甚至不惜以0元起薪（见表6-5）换取自己将来的发展，这是在当前日趋激烈的环境下，学生制定的一种竞争策略。

（3）随着激烈程度的增加，大学生对就业地域的选择由北京市区慢慢转移到了北京远郊、其他大城市甚至其他中小城市。

（4）大概43%的大学生选择了重要程度排序为213，也就是先看工作如何，再看待遇如何，最后看工作的地域。这反映了大学生就业已经具有了一定的成熟性，不再将留京作为唯一目标，而是更看重将来的发展。

通过以上分析可知，大学生在进行就业选择时，其首要的影响因素是发展前景。

五　小结

目前，很多高校和研究人员已经进入实验经济学这一热点研究领域，大家对其基本理论和方法都已经有所了解，但是真正实现计算机网络实时系统的研究现在还很少，本系统是对史密斯开创的实验经济学的一次大胆尝试，并已经得到了北京多位专家的肯定，目前正在通过本系统进行深层次的实验研究。

本系统目前运行情况良好，已经在北京进行了若干次实际实验，不久也可能会在互联网上公开进行实验。今后我们将进一步完善系统，将更多的精力投入到如何使系统能更好地模拟经济现象和社会现象上来，这项工作包括两个方面：①如何使系统的影响因子更加全面，评价系数更加合理；②如何攻克计算机模拟现实的种种技术难关。解决这些问题需要计算机科学、经济学、数学、心理学以及管理学等各领域专家的共同努力。

参考文献

[1] Tengs, Tammy O. and Graham, John D., "The opportunity Costs of Haphazard Social Investments in Life-saving", In Robert W. Hahn, ed., *Risks, Costs and Lives Saved*, 1996, p. 167.

[2] Thaler, Richard, "Toward a Positive Theory of Consumer Choice", *Journal of Economic Behavior and Organization*, 1980, pp. 39–60.

[3] Thaler, R., "The Psychology and Economics Conference Handbook: Comments on Simon, on Einhorn and Hogarth, and on Tversky and Kahneman", In R. Hogarth and M. Reder, *Rational Choice: The Contrast between Economics and Psychology*, Chicago: University of Chicago Press, pp. 95–100.

[4] Thiele S. and C. Weiss, "Consumer Demand for Food Diversity: Evidence from Germany", *Food Policy*, 28, 2003, pp. 99–115.

[5] Tirole, J., "Asset Bubbles and Overlapping Generations", *Econometrica*, 53, 1985, pp. 1499–1528.

[6] Tversky, A., Slovic P., Kahneman, D., "The Causes of Preference Reversal", *American Economic Review*, 80, 1990, pp. 204–217.

[7] Tversky, A. and Kahneman, D., "Judgment under Uncertainty:

Heuristics and Biases", In D. Kahneman, P. Slovic, *Judgment under Uncertainty: Heuristics and Biases*, Cambridge: Cambridge University Press, 1982, pp. 3 - 20.

[8] Tversky, A. and Kahneman, D. , "Rational Choice and the Framing of Decisions", In R. Hogarth and M. Reder, *Rational Choice: The Contrast between Economics and Psychology*, Chicago: University of Chicago Press, 1987, pp. 1 - 23.

[9] Tversky, A. and Kahneman, D. , "Loss Aversion in Riskless Choice: A Reference-dependent Model", *Quarterly Journal of Economics* 106, 1991, pp. 1039 - 1061.

[10] Young, Jeffrey T. , *Economics as a Moral Science: The Political Economy of Adam Smith*, Edward Elgar: Cheltenham, 1997.

第七章 大学生就业意向分析及引导对策研究

一 引言

近年来，大学生就业形势日趋严峻，这直接影响了社会的稳定和经济的发展，已经引起社会各界的广泛关注。

首先，高校毕业生就业供需矛盾加剧。从1999年开始，随着全国高校招生及研究生规模的逐年扩大，再加上民办高校的快速发展，每年高校毕业生的数量呈跃进式增长态势。有数据表明，2001～2006年，各年需要就业的高校毕业生分别为118万人、140万人、212万人、280万人、338万人、413万人，年均增长率达24.3%。2007年全国普通高校毕业生再创新高，达到了495万人。与此相反的是，全社会对大学生就业的吸纳力却严重不足。据国家人事部统计，2006年各地区需求高校毕业生较上年已吸纳数量大幅降低，降幅为22%，其中专科毕业生需求降幅高达39%。

其次，高校毕业生就业的结构性矛盾突出。从学历结构上看，目前我国硕士研究生供求暂时大体相当，本科学历层次供给略大于需求，而专科学历层次毕业生日益呈现供过于求的趋势，高职、高专毕业生依然是就业的难点和重点。从毕业生就业的区位选择来看，地区之间就业不平衡、"亲东部、远西部"的矛盾突出。东部省市吸纳了全国半数以上的高校毕业生，而中西部地区、老工业基地、资源枯竭城市、困难行业和关闭破产企业集中的地区，吸纳的毕业生比重则不足30%。东部及沿海经济发达地区是毕业生择业的热点地区，高校毕业生云集，供给相对过剩；而在广大中西部地区，高素质人力资源供给不足。从城乡就业分布看，就业基本呈现大、中、小城市次第递减分布趋势，"亲城市、远乡镇"的情况明显。90%的高校毕业生集中在县以上城市，选择县以下乡镇与农村就业的比例过低。

根据趋势分析，2008年应届毕业生就业情况更不容乐观。如此庞大的就业大军，如此严峻的就业形势，使得我们不得不深思：问题出在哪里？造成这些问题的原因是什么？有何对策？

对于大学生就业困难的影响因素，国内的许多研究机构、专家学者从不同的视角进行了大量的研究，产生了较多的研究成果。陈啸（2007）认为就业难与扩招无关，与经济发展不足并非线性正相关，与高等教育人才培养结构失衡密切相关，与职业理想教育和职业生涯规划不到位相关。杨金梅、胡冬梅、张楠（2006）通过调查问卷及访谈，认为影响大学生就业的因素有多种，大学生要注重综合素质的提高，高校应重视毕业生质量与就业指导，用人单位要合理用才，家庭要发挥指导作用。许晓辉、郭安宁、江勇、刘伟（2007）用开放式调查法和问卷调查法对问卷进行探索性因素分析，他们的研究表明：大学生预见就业不确定性认知水平可以从重要性、可能性、严重性、时效性、不可控性这5个方面来衡量；在大学生预见就业不确定性的认知形式中，由"重要性"至"不可控性"的水平共同呈现"递减"趋势；大学生预见就业不确定性的认知水平在不同群体间不存在显著性差异。

在政策建议方面，学者们也从不同的角度和方法提出了许多方案。刘永君、李宇遐（2007）围绕解决毕业生就业问题的多元主体构建及加强其功能塑造、人才市场的培育、就业氛围的营造、用人单位转变人才观念和走出招聘歧视误区等方面寻找出路与对策，旨在着力构建解决大学生就业的长效机制。向磊（2007）认为高校要重视实习制度，与用人单位建立长期供需伙伴关系，以形成稳定的就业基地，应大力完善就业服务指导机构建设，建立高效的大学生就业指导信息系统。虞鲲（2005）认为高校应推行全程化就业指导模式，即就业指导工作从大学一年级开始就贯穿整个大学学习过程。薛亚萍（2007）从心理学的角度进行了分析，认为在这种严峻的形势下，大学生必须排除不良的择业心态才能顺利找到理想的工作。既有的对于大学生就业问题的研究还有一些地方需要改进。一方面，在研究内容上，对于大学生自身的就业意向方面的研究还比较少。事实上，我们认为只有通过研究大学生的就业意向是什么，以及大学生在就业时的各种选择是什么，才能明确大学生就业的真正问题所在。另一方面，在研究方法上还需创新。目前很少有学者从实验经济学的角度来分析大学生就业的问题。诺贝尔经济学奖获得者弗农·史密斯认为，实验经济学就是将实验室里的研究方法用于探讨人们决策行为的动机，因为人都处于受一定规则（显性或隐性）支配的特定社会背景中并且相互影响。

本章就是采用实验经济学的方法，根据大学生在面临就业时所做的各种就业意向的选择，分析当前北京的一些大学生在就业时存在的问题，并提出可行的建议。本章的结构如下：第二部分通过介绍北京信息科技大学的实验经济学基地来具体阐述本章的研究方法；第三部分具体叙述研究成果及对研究成果的分析，即把就业率分为90%、70%、50%，用数量经济分析法分别分析在不同的就业压力下大学生的就业意向；第四部分是结论和对策建议。

二 研究方法

本章采用北京信息科技大学实验经济学基地对大学生进行就业意向调查的实验数据展开分析研究。该基地开发了全面测评大学生个人背景、现实状况以及对未来就业的各种期待和预期的评估软件。该评估系统分三个部分，分别调查学生在不同的就业压力（就业率分别为90%、70%、50%）下的就业意向和择业态度的变化，从而预评学生的就业适应能力和竞争力，以引导学生调整就业心态和职业生涯规划，进入最适合自己的理想行业（或企业）。该系统中涵盖个人出生背景、学业历程、费用开支、自我评价、就业偏好和竞争力评估等项目。该系统全面权衡学生各方面的情况并给出一个综合的就业评估结果，以反馈给学生其在每一种求职状况下的竞争指数和在所有调查学生中的排名情况。

在本研究中选取了31个调查样本，调查对象主要是北京信息科技大学的学生，也有北京大学的学生。其中男生占总调查人数的71%，女生为总人数的29%，调查对象覆盖了理、工、文三大学科类别的大部分专业。

通过对实验基地获取的数据进行分类和汇总，利用计量软件Eviews 3.1对数据进行数量分析，探析影响大学生就业意向的主导因素，从而有针对性地提出引导大学生树立正确、理性和明智的求职观念和态度的对策。

三 研究成果及分析

1. 就业率为90%下的就业意向分析

我们希望分析一下学生在本科、硕士研究生期间因求学而每年注入的全部投资（不包括学费）与他们在求职阶段的期望起薪的关联程度。我们把期望起薪定义为 Y，上大学以来的全部生活花费定义为 X。图7-1为期望起薪 Y 和每年的全部生活花费 X 的散点图。

从图7-1中我们能够看到学生每年的全部生活花费与求职阶段的期望起薪的相关关系不太显著，从表7-1的回归结果中就可以进一步得到证实。

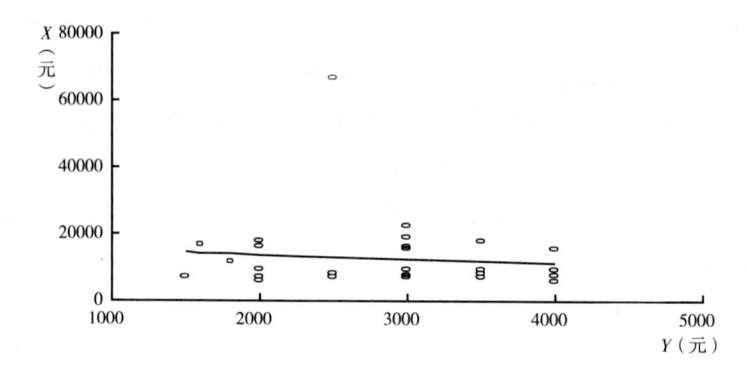

图 7-1 就业率为 90% 以下的就业意向

表 7-1 就业率为 90% 以下的就业意向回归分析

Variable	Coefficient	Std. Error	t - Statistic	Prob.
C	2874.536	203.5439	14.12244	0.0000
X	-0.005595	0.012114	-0.461856	0.6476
R - squared	0.007302	Mean dependent var		2803.258
Adjusted R - squared	-0.026929	S. D. dependent var		729.1564
S. E. of regression	738.9090	Akaike info criterion		16.11057
Sum squared resid	15833607	Schwarz criterion		16.20308
Log likelihood	-247.7138	F - statistic		0.213311
Durbin-Watson stat	2.372849	Prob(F - statistic)		0.647631

X 的 t 统计的 P 值为 0.6476，说明在 0.05 的显著性水平下 X 不显著。依此我们认为学生对工作的期望起薪并不是根据平常的求学过程中的花费而确定的。此外，我们把学生的乐观起薪和期望起薪进行了分析，试图得出两者是否存在显著关系。我们认为学生的乐观起薪能够反映社会的一般薪金水平，是社会实际工资水平的现实标准。因为学生的乐观起薪都是在考量自己的实际资质的基础上和自己熟悉的从事工作的同学、朋友和亲戚等进行比较后得出的标准。因此，分析大学生乐观起薪与期望起薪之间的关系就变得很有必要了。

据此，我们定义期望起薪为 QIXIN，把乐观起薪定义为 LEXIN，然后观察两者的散点图（见图 7-2）。从散点图可以看到，期望起薪和乐观起薪趋近于线性关系，可以建立线性回归方程来分析两者的数量关系：

$$QIXIN = \beta_0 + \beta_1 LEXIN + \varepsilon$$

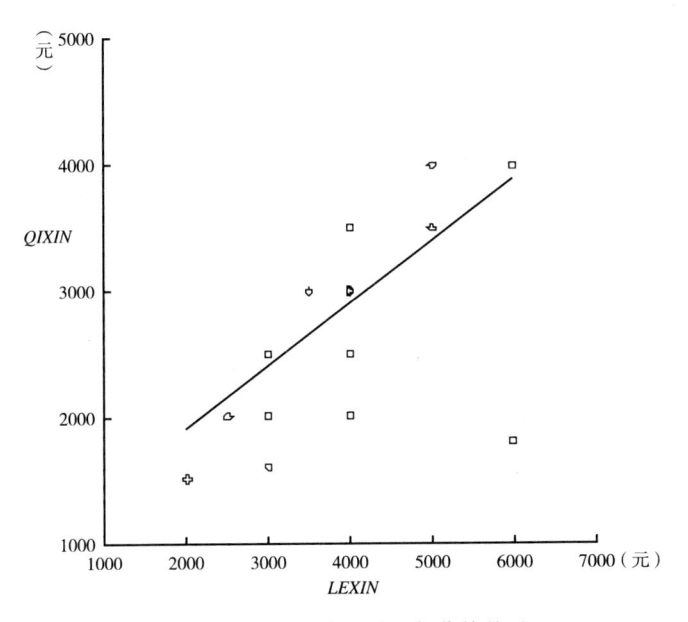

图 7-2 期望起薪与乐观起薪的关系

从回归结果（见表 7-2）中我们可以得知乐观起薪是显著的，而且和期望起薪的相关系数达到 0.6558。从 F 检验值的 P 值（0.000062）可以看出，整个回归方程都是显著的。同时常数项的 t 统计值的 P 值为 0.0363，小于显著水平 0.05，由此说明影响大学生期望起薪的因素除了乐观起薪，即社会的实际工资水准这个重要的因素外，还有其他因素。我们分析认为学生对自己的综合能力的自我评价应该也是决定期望起薪的主要因素，只是在本次实验中还没有很好地把这个因素数量化，这有待在以后的新的实验中加以改进。此外，我们还从实验中发现这样一个现象，就是现在的大学生的期望起薪几乎都低于乐观起薪。这说明由于近几年大学生就业压力越来越大，很多大学生都对工资持比较平稳、保守的心态，这也是就业激烈竞争导致的必然结果。

表7-2 薪金回归结果

参数	回归系数	t 值	P 值
β_0	913.6790	2.195132	0.0363
β_1	0.496415	4.678322	0.0001
R^2	0.430106	DW	2.062766
$\bar{R}^2$	0.410455	F	21.88670
S.E.	559.8597	$P(F)$	0.000062

不仅如此，我们还从实验中得到很多其他关于大学生就业意向的有价值的信息。

首先，从调查的结果中统计出来，有66%的大学生最看重自己将来所从事的职业，17%的大学生最看重工作的地点，17%的大学生最看重工作的薪金（见图7-3）。总的来说，现在的大学生就业

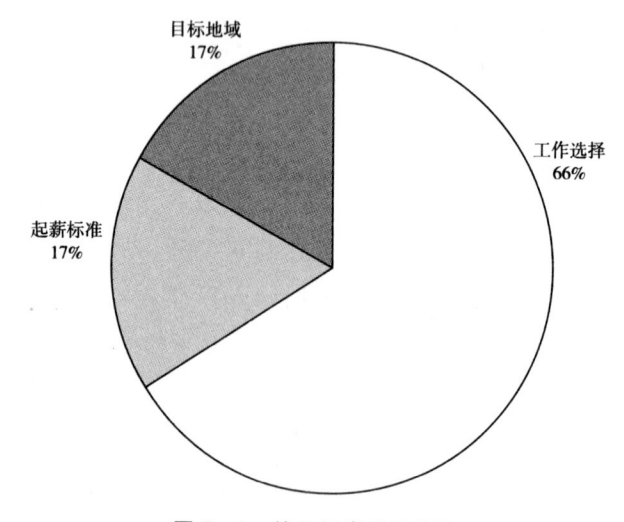

图7-3 就业因素着重程度

还是比较理性的,大学生把自己喜欢从事的行业(或职业)看得更重要,也可以说更在乎择业。这与实际情况还是比较吻合的。

其次,在工作地点的选择上,在京大学生中有83.87%的学生希望留在北京工作,9.68%的大学生则愿意到东部沿海经济发达地区工作,愿意到广州、深圳和中部地区工作的学生均占3.23%,希望支援西部的学生还是微乎其微的(见图7-4)。

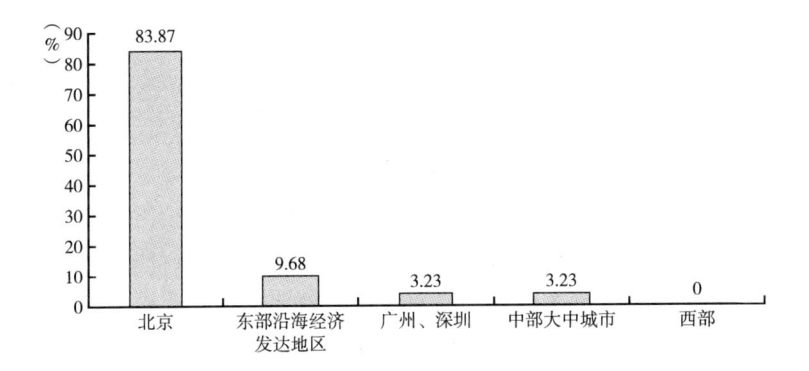

图7-4 在京大学生对目标地域的选择

从图7-4可以很清晰地看出,大部分大学生还是热衷于留在北京或其他一些发达城市,这也是导致我国人力资源分布不均衡的直接原因。为了支援西部大开发,国家应该出台更多的优惠政策并创造更大的机会鼓励和吸引大学生为西部发展做贡献。我们认为这也是扩大就业机会、缓解大学生就业压力的良好契机。

最后,在对大学生能力调查栏的统计分析得出,自我优势能力发展呈现多样化,其中社交能力突出的占了最大份额,这也体现出大学生更加重视培养自己适应社会现实着重需求的能力,因为当今时代已不再是"好酒不怕巷子深"的时代了,与人广泛交流、搭建相知互信的桥梁越来越受到社会的青睐。另外,解决问题的能力、合作能力、创新能力、学习能力等也是企事业单位看重的重要因素,大学生都有侧重地在提高能力,唯独对社会强调的责任感受重视的程度仍比较低,只占5.56%(见图7-5)。

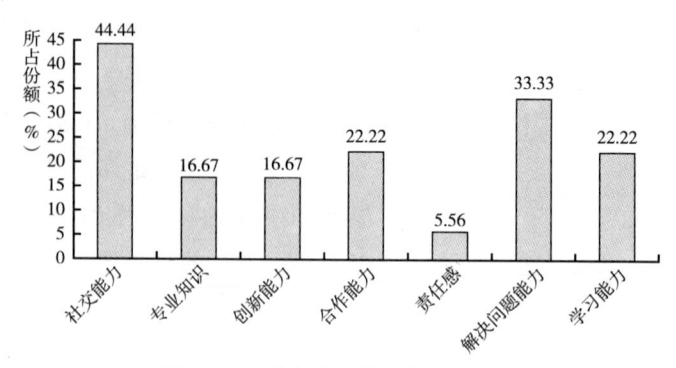

图 7-5 对在京大学生的能力调查

2. 就业率为 70% 下的就业意向分析

在就业压力加大的前提下，经过实验分析，其结果依然是大学生的生活费用和期望起薪的相关关系是不显著的，而乐观起薪即社会实际的工资水准却仍然对大学生就业的期望起薪有很好的解释作用，我们可以从回归的结果得到进一步论证。在回归方程中把期望起薪定义为 Y，把乐观起薪定义为 X，其散点分布见图 7-6，回归结果见表 7-3。

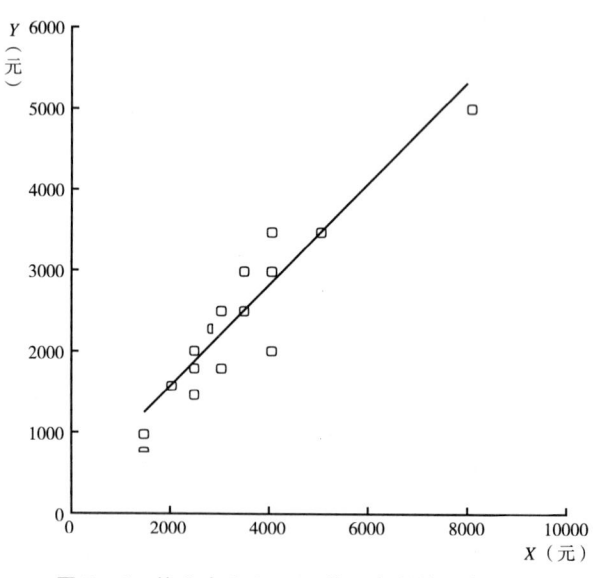

图 7-6 就业率为 70% 下就业意向的散点分布

表 7-3　就业率为 70% 下对就业意向分析的回归结果

参数	参数回归值	t 值	$P(t)$ 值
β_0	338.0547	1.583236	0.1242
β_1	0.621386	10.45813	0.0000
R^2	0.790421	F	109.3725
$\bar{R}^2$	0.783194	$P(F)$	0.000000

在整个回归过程中，我们发现 X、Y 在 0.05 的显著性水平下都不存在单位根，而且残差项也不存在异方差和自相关，整个残差序列是白噪音序列，模型的整体平稳性较好，不存在突变的干扰因素。同时在回归结果中我们可以得到，乐观起薪对期望起薪的影响是显著的，可决系数达到了 0.790421，这说明两者之间存在强相关，和就业率在 90% 的相关度相比，增加了很大的幅度。因此可以认为在就业压力加大的情况下，学生来不及考虑其他的因素，只能依据企事业单位支付的平均工资水平来确定自己的薪酬要求，此时学生就相对地受制于前来招聘的企事业单位，而国家应该在这方面制定相关的法律法规来保护学生的利益。此外，我们还发现常数项已不是显著的，此时不再有其他因素显著影响学生的期望起薪，只留下一些随机的影响因素。

随着就业压力的增大，大学生对就业的着重程度发生了一些变化（见图 7-7）。当就业率从 90% 下降到 70% 时，大学生开始注重起薪标准，而淡化对所从事的工作类型的选择，目标地域的偏好也相应减弱。因为就业越紧张，大学生的选择空间就越受到挤压，很多平时有的要求也只好先搁置起来，不管什么工作、什么地方，尽量先就业。与此同时，对所从事工作的薪金会更加看重，因为心理的价值天平放弃了很多利益，所以希望能在工作薪金上得到弥补，至少从横向比较来看没有太大的悬殊，因此对起薪标准的着重程度有较大幅度的攀升。

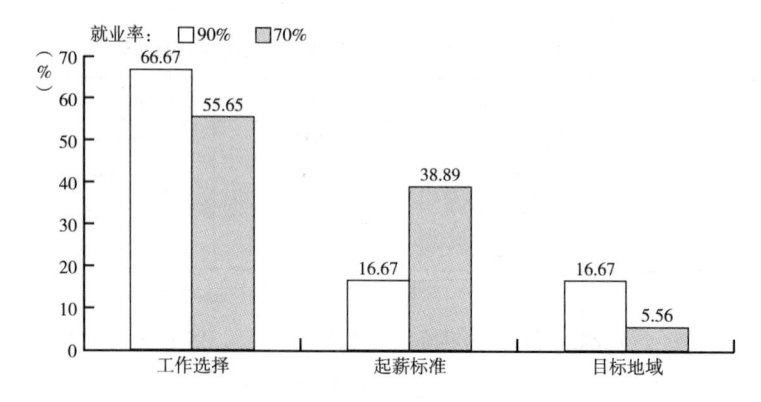

图 7-7 就业率为 70% 下对就业意向着重程度的对比

3. 就业率为 50% 下的就业意向分析

当就业压力进一步加大时，实验分析结果显示大学生的生活费用和期望起薪的相关关系依然是不显著的，而乐观起薪即社会实际的工资水准却仍然对大学生就业的期望起薪有很好的解释作用，我们可以从回归的结果得到进一步论证。在回归方程中把期望起薪定义为 Y，把乐观起薪定义为 X，回归结果见表 7-4。

表 7-4 就业率为 50% 下对就业意向分析的回归结果

参数	参数回归值	t 值	$P(t)$ 值
β_0	14.63633	0.285192	0.7776
β_1	0.630455	5.749323	0.0000
R^2	0.559479	F	35.56117
$\bar{R}^2$	0.543747	$P(F)$	0.000002

在回归过程中，对两个序列进行单位根检验，发现两组序列存在一次单整，对残差项进行 White 异方差检验，发现不存在异方差，残差序列已是白噪音序列（见图 7-8）。从回归的结果来分析，期望起薪和乐观起薪的相关程度与就业率为 70%

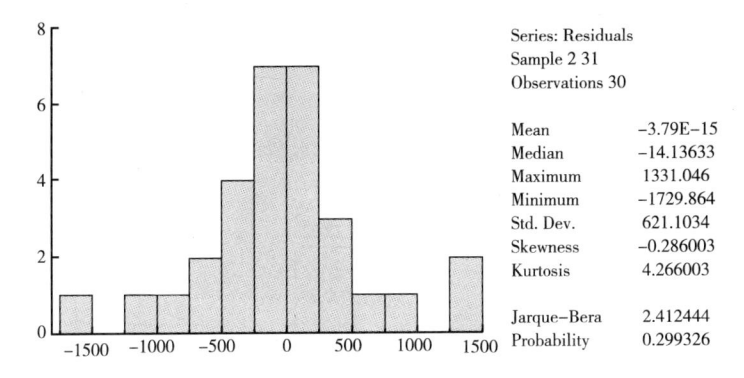

```
Series: Residuals
Sample 2 31
Observations 30

Mean        -3.79E-15
Median      -14.13633
Maximum     1331.046
Minimum     -1729.864
Std. Dev.   621.1034
Skewness    -0.286003
Kurtosis    4.266003

Jarque-Bera 2.412444
Probability 0.299326
```

图 7-8　就业率为 50% 下对就业意向回归分析的残差

的情况相比有所下降，但还属于强相关，可决系数达到 0.55947。我们分析认为，随着就业压力进一步加大，就业竞争达到白热化，就业市场已完全属于卖方市场，大学生为了得到职位，都相继降低自己的薪金要求来提升自己的竞争力，所以此时学生的期望起薪不再紧密参照乐观起薪，而是在一定程度上依据竞争状况来要求。

随着就业压力的进一步增大，大学生对就业的着重程度又出现了一些新的变化（见图 7-9）。当就业率从 70% 下降到 50% 时，大学生对目标地域的重视程度增加，将所从事的工作类型的选择作为第一关注度的学生所占的份额相对于就业率在 70% 的情形有进一步的下降，但仍是三个着重点中占比最大的，而起薪标准却降到最低。我们分析认为，由于就业竞争很激烈，大学生为求得职位，不论是什么性质的工作都愿意接受，谋求先占得一席之地，然而此时所有类型的工作岗位都很紧张，因此大学生就相继压低起薪标准，打价格战，以提升自己的竞争力和吸引力。就业竞争到此种程度，大学生都是背水一战，并甘于此状，以求日后再度发展，实现心中对职业规划的美好蓝图。正因为如此，大学生更看重目标地域，大城市或经济发达的地区能向他们提供更多的发展空间和机遇，一展心中当初的抱负。

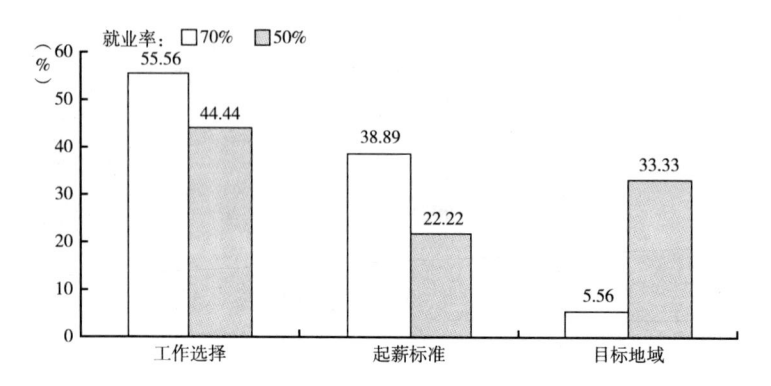

图 7-9　就业率为 50% 下对就业意向着重程度的对比

四　结论和对策建议

通过实验调查大学生在不同的就业压力（就业率分别为 90%、70%、50%）下的各种就业意向的选择，并用实验经济学和计量经济学的方法对结果进行了分析。分析过程概括起来主要从五个方面展开：①对期望起薪与全部生活花费的相关性分析；②对期望起薪与乐观起薪的回归分析；③大学生在就业时对工作选择、薪金、目标地域着重程度排序的分析；④工作地域选择的分析；⑤大学生自身所具有的突出优势的分析。

从分析结果中我们可以得到当前北京的一些大学生的就业意向。第一，在不同的就业压力下，大学生在就业时对工资的要求还是非常理性的，期望起薪与乐观起薪有高度相关性，这说明大学生对薪金的态度比较务实，期望值不再不切实际，这可能也是近几年扩招和就业压力增大的结果。第二，不管在何种压力下，对于着重程度，大部分大学生都是把未来从事何种工作排在薪金和目标地域的前面。第三，随着就业压力的增大，大学生对就业意向会做出很多适应性的调整，如当就业率从 90% 下降到 70% 时，就业压力趋紧使得大学生的期望起薪和社会实际工资水平的关系更加紧密，可以说，此时大学生的期望起薪要求不再是过高期望，而是以社会现行工资水平为准绳；然而当就业率进一步下降到50%时，期望起薪和社会实际工资的关联程度反而下降了，因为此时大学生为了竞争职位，便压低期望起薪来赢得职位，增加自身的竞争力。第四，竞争压力的增大会使大学生在工作选择、起薪标准和目标地域三者之间会做此消彼长的调整，当竞争压力从宽松转向紧张时，大学生对薪金标准的着重程度会提升到一个新的高度，而愿意淡化对工作选择和目标地域的要求；当竞争压力进一步加大，达到白热化的时候，大学生更看重未来的发展机会和机遇而对目标地域的着重程度加大，暂时降低对工作选择、起薪标准的要求，先就业再择业。第五，在工作地域的选择上，不管就业压力如何，90%以上的大学生都选择在经济发达地区工作，而愿意去中西部的大学生却仍是微乎其微。第六，大学生在自身能力发展方面各有侧重，但不足之处是很多人都忽视了对社会责任感的培养。

为此，我们针对以上大学生就业意向的分析结论，提出相应的促进大学生务实、灵活、明智就业的对策建议。

（1）大部分大学生选择到大城市或经济发达地区工作，而不是去中西部工作，国家应该出台更多的优惠政策和创造更多的机会鼓励和吸引大学生为西部和中部的发展做贡献。通过调整产业的优化升级，特别要加大对中西部地区特色产业的扶持力度，引进国外资本到西部投资建厂，适当制定更多倾向中西部开发的优惠政策，创造更优厚的待遇和发展机会吸引专业知识人才到中西部谋职就业，这些政策同时也能缓解我国就业区域结构不均衡所带来的就业压力。

（2）政府要加强对大学生就业环节的监管，切实规范大学生就业市场秩序，保护大学生合理合法的利益要求，规避由于就业压力的增大企事业单位对大学生利益和权益的贬损。

（3）大学生要抛弃过去的精英情怀，努力摆正自己的心态，明白自己真正的优势和劣势，扬长避短，务实地摆正自己的位置。随着社会经济的发展，大学生就业再也不是原先"皇帝女儿不愁嫁"的状况了，大学生必须把自己摆正到一个普通劳动者的位置，将自己的择业范围扩大。在工作选择、起薪标准和目标地域的要求上注意灵活把握，尽可能使自己在更广阔的空间中选择自己的理想工作，施展自己的才华。

（4）从我们的实验调查中可以看出，很大一部分大学生还是能够针对用人单位对员工的能力要求有意识地培养自己的突出才能的，学校更要加强对这方面的引导。另外，要把就业指导纳入必修课，帮助学生在在校期间尽早了解就业形势与政策，了解社会和用人单位对人才素质的要求；分阶段、分层次地为学生提供包括职业生涯规划、求职技巧、心理咨询等各方面的指导与培训，从而减少由于学生在求职时不能正确向用人单位传递能力信息而造成的就业困难。我们的实验调查中还发现学生的社会责任感还有待加强，学校应该加强对学生这方面的培养，这是社会的心声，也是时代的呼唤。

参考文献

［1］蔡国庆：《归因风格对大学生就业的影响及对策》，《中国大学生就业》2007年第2期。

［2］葛新权、王国成：《实验经济学引论：原理·方法·应用》，社会科学文献出版社，2006。

［3］李玉龙：《当前大学生面临的就业形势》，《科技创新导报》2007年第33期。

［4］李育红：《目前就业面临的形势》，《新西部》2007年第12期。

［5］刘永君、李宇遐：《我国高校毕业生就业形势概述》，《经济师》2007年第6期。

［6］龙庆华、宋余庆：《大学生全程化就业指导模式的探索》，《高教高职研究》2007年第9期（中旬刊）。

［7］ 向磊：《我国大学生就业问题研究的新角度》，《高教研究》2007年第2期（上旬刊）。
［8］ 许晓辉、郭安宁、江勇、刘伟：《大学生预见就业不确定性认知形式及其特点》，《沈阳农业大学学报》（社会科学版）2006年第3期。
［9］ 薛亚萍：《大学生不良的择业心态分析与就业心理指导》，《心理》2007年第1期。
［10］ 虞鲲：《我国高校全程化就业指导模式分析》，《市场周刊》（研究版）2005年第12期。
［11］ Akerlof G., "The Economics of Illusion", *Economics and Politics*, 1989, Spring, pp. 1 – 15.
［12］ Becker G., "Irrational Behavior and Economic Theory", *Journal of Political Economy*, February 1962, pp. 1 – 13.
［13］ Smith, V., "Experimental Economics: Induced Value Theory 1989", *American Economic Review*, 1976, Vol. 66, No. 2.
［14］ Smith Vernon, *Papers in Experimental Economics*, Cambridge: Cambridge University Press, 1991b.

第八章 基于异质性微观主体就业政策的实验研究

政策制定的理论依据和惯常做法是基于同质的目标群体、就总体统计平均意义而言的，而本章介绍我国高校毕业生就业实验的具体设计、运行和结果处理情况，主要是通过考察起薪标准与就业率的关系来分析求职活动中个体行为的异质性和复杂性的，实验结果是受经济、心理和社会等多方面因素综合影响的，本章同时指出了用实验经济学方法研究异质性个体择业行为特征的独特优势；研究了宏观调控政策与异质的微观主体特性相匹配时的针对性、区分度和有效性，提出了以学生等求职者为本、发挥高校作用的多元化就业政策建议。

一 引言

就业是民生之本，它与我国的改革深化、经济发展和社会和谐稳定的关系非常密切。近年来，"市场导向、政府调控、学校推荐、学生与用人单位双向选择"的高校毕业生就业制度和一系列鼓励大学生合理流动的政策有力地促进了我国高等教育和社会经济的发展，但不容回避的是，高校毕业生的就业还存在着一些长期积累的困难和问题，大学生就业与其他劳动力的求职交织合流，在我国现阶段形成了巨大的就业压力，显现出对地域、学校、专业和个人等方面的不平衡,而且这一严峻问题在今后一段时期内仍将不同程度地存在并产生影响。

本章中所提到的高校毕业生的就业主要是指普通高等院校毕业生在当期(年)内的正式就业(与用人单位建立合法的工作关系或劳动关系)。

1. 高校毕业生就业阻滞的现实与基本原因

高等院校毕业生的就业状况从侧面折射了新中国成立以来社会经济发展的历史进程和时代特征。从计划经济时期延续至改革开放初期,国家对大学毕业生实行统包统分,全部毕业生几乎都由学校按计划分配派遣到指定单位报到就业;1992年国家明确了市场化的改革取向,在经济转轨和高等教育改革逐步深化的过程中,大学毕业生就业环境发生了重大变化,国家试行毕业生与用人单位双向选择,就业率呈现波动但基本能维持在较高水平上;2003年后,即1999年高等院校扩大招生规模后的首届毕业生数目突增,大学生求职完全市场化(就业率的变化情况见表8-1),就业率有逐年下降的趋势。经粗略估算,目前我国未正式就业的大学毕业生累计数已超过300万人,由此造成的直接经济损失每年约2000亿元。

表8-1 高校毕业生就业率

类别\年份	2003	2004	2005	2006	2007
毕业生数量(万人)	212	280	338	413	495
平均当期签约就业率(%)	70.0	73.0	72.6	71.9	70.0

资料来源:中国毕业生网,http://www.bysh.cn/Article/market/200612/Article_3153.html;《中国教育报》2006年12月25日,第5版;2007年的就业率为预估数据。

现阶段我国高等教育人才供求缺口与结构性矛盾突出,专业设置和知识构成与市场和社会需求脱节,高校毕业生观念陈旧、自身素质存在差距,面临就业渠道不畅、困难加大等问题。针对这些问题，研究者主要从就业制度和政策环境的演变，劳动力供求变动与人才市场建设，大学生就业意愿、个人素质、观念和择业行为，用人单位对大学生的期望，高等教育与社会发展的适应性等方面进行了分析考察（赖德胜、田永坡，2005），并从改善劳动供求关系、降低结构性失业和摩擦性失业等角度为缓解大学生就业困难提出了相应的政策建议（曾湘泉，2004；岳昌君等，2004）。

然而，仅就大学生就业率与其他国家相比，我国与世界平均水平还比较接近，但从大学生劳动参与率、在劳动者总量中所占的比例等项指标来看，我国在促进大学生就业、提高劳动者素质等方面还有相当大的发展空间[①]。

2. 制度变迁与政策沿革

高校毕业生就业制度是国家为规范大学生就业行为、确保就业工作有序进行而制定的一系列直接或间接指导大学生就业的规则和程序的总称。就我国高等教育发展的历史情况来看，相应的就业制度变迁和政策沿革主要经历了三个阶段：第一阶段——计划分配阶段，国家和政府是开办高等教育的唯一投资主体，学生在校的一切费用主要由政府承担，因此国家实行统一招生，统一分配；第二阶段——双轨制阶段，高校招生存在两种形式，俗称两费生，一是国家统一招生、统一分配的公费生，二是少数交费上学的自费生和委培生，试行部分毕业生双向选择就业；第三阶段——自主择业阶段，从 1994 年开始，全国高校投资主体逐步多元化，实行了"两费生"和本、专科招生的并轨及统一缴费上学，与之配套的就业制度实行国家政策指导、学生自主择业。为适应高等教育发展和改革的需要，制定关于毕业生就业的制度和政策是我国制度和政策体系的有机组成部分，这是关系到整个

[①] 参见在沪教育部直属高校毕业研究生就业工作协作组的文章，《中国教育报》2004 年 1 月 16 日，第 6 版。

国家实力、民族素质和社会生产力水平的重要一环。

高校毕业生的就业是高等教育改革和发展的晴雨表，是高校毕业生一生成长和发展的关键一步，纵观国内外关于就业的各种理论观点、制度保障措施和前人的研究成果，大多是从总量上考察劳动力供求关系，如生产力总体发展水平；就业制度、市场建设、环境与信息，社会经济发展与高等教育的适应性；历史、文化和观念等宏观现象和因素。以往的理论观点和政策较少考虑处于主体地位的劳动者等微观因素的变动，要么是基于同质的理性行为假设，要么是选择代表性主体，这类理论和方法容易忽略微观主体的差异性和交互作用，因而难以深入分析我国高校毕业生就业实践中出现的新问题。

基于微观主体考察宏观现象的生成机理（即宏观问题的微观分析范式），由此制定相应政策和选择调控手段，是当今经济管理理论研究一个新的视角和强劲的发展趋势。本章从这一角度出发，致力于探讨宏观就业政策的总体性和均质性与微观个体择业行为的复杂性和异质性的协调。后续部分的大致安排为：首先简要评析与研究主题相关的代表性文献和政策制定的理论依据，其次重点介绍用实验经济学方法研究大学生择业活动过程中的特殊性、复杂性和异质性等行为习性，最后根据对实验结果的初步分析提出相应的政策建议。

二 相关理论基础与政策制定依据

就业问题是多学科领域交叉的研究课题，主要涉及经济学（劳动经济学、宏观经济学、发展经济学、教育经济学、人力资本理论、就业搜寻理论和经济计量方法等）、管理学（人力资源管理、企业管理）、社会学、教育学和心理学等。我们的研究主要沿着经济管理中的就业理论和实验经济学两条线索展开，先简述国内外研究现状，扼要分析前人研究成果的侧重点、薄弱环节及需要进一步研究的内容，以此作为本项研究的出发点。

1. 理论基础

（1）就业是经济学研究的永恒主题

在现代西方主流经济学的框架中梳理就业理论发展脉络，萨伊开创性地在《政治经济学概述》中提出了"充分就业论"理论（Say，1803）：在"供给自动创造需求"的论断下，每一个理性的商品生产者都会尽力扩大生产、销售，使社会的生产、销售达到最高水平，从而实现充分就业；在此之后，庇古在《论失业问题》中提出的就业理论认为（Pigou，1914）：在资本主义经济中能够实现充分就业，在完全自由竞争的条件下只可能存在所谓的"自愿失业"和"摩擦性失业"，而后人又将摩擦性失业的基本原因归结为："工人同工作的不适应""信息不充分"等（霍夫曼，1989）。凯恩斯的《就业、利息和货币通论》（Keynes，1936）引发了经济学革命，否定了只有在充分就业的基础上才能达到均衡的传统经济学观点，得出了存在"非自愿失业"的两点结论：一是有效需求决定就业量与总产量，二是充分就业只是资本主义经济的一种"特例"，而小于充分就业的均衡是资本主义经济的常态，由此引出了一些从根本上为维护充分就业理论而进行辩解的观点，如"结构性失业""隐蔽失业"和"隐性失业"等（Samulson，1967）。菲利普斯首次把就业与通胀联系起来研究，提出了著名的"菲利普斯曲线"、货币工资变动率与失业率之间呈负相关关系的理论；弗里德曼提出了"自然失业率"假说，主张在考察通胀与失业的关系时，要把"自愿失业"与"非自愿失业"区别开来；还有从考虑技术进步与经济增长关系的角度提出了"技术失业论"观点：随着新技术、新设备的投入使用，劳动生产率不断提高，资本的技术构成不断提高，技术进步和生产自动化的发展必然减少对劳动力的需求（Acemoglu，1998）。

马克思主义经济学的基本观点之一是以劳动者共同占有生产资料为基础，最大限度地解放和发展社会生产力，在此基础上构建上层建筑,并揭示了在资本雇佣劳动的制度安排下追求资源配置效率并不是人类社会理想的经济模式。由此可见,如何看待就业问题是辨别理论流派和评价制度实践最重要的标志之一。

(2) 职业搜寻模型和分析方法

在就业理论基础上研究就业市场和微观个体求职行为,产生较大影响的是职业搜寻(Job Search,或译为"工作搜寻")理论与模型,它属于信息经济学范围和劳动经济学领域。斯蒂格勒研究了一般商品市场上的信息搜寻,最早提出了搜寻模型(Stigler,1961);费尔普斯和帕莱斯科德等人在此基础上发展出职业搜寻理论(Phelps, et al., 1970; Lucas and Prescott, 1974),认为在信息不充分条件下,工作搜寻者可以通过搜寻活动来了解工资分布,然后通过比较工作搜寻的边际成本和边际收益决定搜寻行为和是否就业。所以,从技术角度看,职业搜寻与匹配(Matching Approach),乃至对信息经济学中更一般的搜寻问题的成本收益研究是用扩展的边际方法来分析劳动力市场供求关系和均衡规律。由于就业机会与劳动力资源之间的不对称分布,以及劳动者主体与工资(价格)的高度分离,具有异质性行为的工人和厂商以分散决策、一对一的方式相见,共同参与一个力图将各自的偏好、技能和需求匹配起来的存在成本的过程,而且匹配过程并不是即期完成的。这些因素构成了真实劳动力市场区别于其他市场的典型特征。与瞬间交易和无成本协调的假定不同,搜寻理论引入了交易成本、信息不对称等概念,动态地研究就业行为,但对不完全竞争就业市场中招聘者与求职者之间、求职者相互之间的策略型行为研究不足。

在教育经济学和人力资本投资理论中,分析投资成本-收益如何决定受教育水平,通过比较受教育成本(包括经济成本、机会成本、智力成本)和预期收益来决定就业选择行为的可行域边界;受教育成本低、水平高的劳动者不愿意在薪资水平、个人兴趣和追求等方面降低标准,混同于低教育水平者(Julian,

1996），因而教育信号显示的客观性和有效性是非常重要的；本研究还需要借鉴委托代理、激励机制设计和最优契约等相关理论分支中的研究方法。

2. 政策依据

决策者在对所面临环境的总体形势、所要解决问题的主要特征和目标群体类型等因素做出基本判断之后，依据理论分析并从各种建议方案中选择制定和实施相关政策。而实践中的政策对象或目标群体则往往根据自身的行为方式和受益情况对政策进行评价，这是一种基于政策制定者和目标群体之间的剂量－反应关系和行为模式（Dose-response Pattern）。从基本理论上讲，古典决策是在"完全理性或经济人"假设的基础上、在给定约束条件下从多个备选方案中寻求最优解的方案，又称规范决策理论或理性决策理论；行为决策理论是建立在有限理性基础上的，它主要考虑代表性主体的行为表现，如态度、情感、经验和动机，遵循"满意"准则；而当代决策理论发展的显著特征之一是更加强调决策技术与人的结合[①]，政策制定乃至公共管理的基点也正在由宏观总体意义上考察均质的理性主体向个性化、差异化和自适应（具有学习调适功能）的现实行为主体转变。虽然我们可以通过组织行为学、社会心理学等学科研究政策目标的群体效应，但如何针对异质性主体弥补宏观研究与微观分析的脱节和空缺，是理论和实践中都更需要关注的问题。由于理论发展的阶段性和方法的局限性，政策的制定不可能超越历史设置的障碍深入微观层面，而当代经济管理理论的最新进展和前沿分支，如行为与实验经济学等，则提供了研究微观主体行为特征的手段和工具。

具体到我国的就业政策，让每位劳动者（尤其是高校毕业生）拥有就业岗位，改善劳动者素质和结构，提高生产力水平，

---

① 周三多等：《管理学——原理与方法》，复旦大学出版社，2003，第4版。

是缩小收入差距、维持社会公平、构建和谐社会的基本途径；扩充就业总量，促进劳动力结构的优化，无疑是解决就业问题的常规和有效的做法。但它们能否实现，其关键在于制度安排和政策措施能否与劳动力个体的择业需求和行为特征协调相应。若过于单方面地强调制度和政策的调整，而实践中忽略和扭曲微观主体的行为特征，就不可能走出就业难的怪圈，制度和政策的执行也很难达到预期效果，甚至会阻碍总量扩充与就业结构转型。

3. 简单评析

综合分析前人的有关研究成果，现有的理论基本上是在宏观经济总体框架中考察劳动力就业市场的供求关系并进行均衡分析的，而劳动经济学是从微观领域考察求职、雇佣活动中的边际成本与收益等一般特征的，它基于理性人假设，主要运用传统的经济计量等实证分析方法，从总体特征上认识普遍意义上的就业行为、劳动力供求均衡关系和市场运行规律，而对劳动力市场特殊性的研究不够深入，缺乏关于个性化、差异化的微观主体是如何影响劳动力就业市场的研究。从宏观总量考察劳动力市场供求关系、影响因素和机理，或者考察同质性的求职选择行为，不利于揭示个体就业选择行为的异质性、分类劳动力市场的特点、个体选择与宏观现象和运行机制的内在联系，并且难以解决结构性问题。由于与一般商品市场上的购买决策和资本市场上的投资决策等行为相比，个体就业选择行为受个人条件、心理活动、他人和外界等因素动态影响的机理更复杂、程度更大，因此行为主体的效用也难以用货币化的纯经济利益函数来刻画和衡量，个体之间的差异性表现得更加明显，各国的教育发展特点及与社会经济联系的密切程度和反应机制等宏观环境也明显不同。变革研究工具和手段，运用博弈论与实验经济学相结合的方法，针对不同环境中不同主体的职业搜寻行为进行研究，如对中国劳动力市场中大学生的择业行为特点进行研究就显得尤为迫切和重要。由于经济实验方法具有真实性（描述和模拟现实环境）、可控性（根据试验目的要求设置控制变量）和可复制性（针对不同被试大量重复地进行，以便检验和移植）等优势和独到之处，将其用于研究高校毕业生的求职行为，是当代经济学理论深化以及与中国实际应用相结合的一个很好的切入点。

从总体意义上考察均质的政策对象和同类的反应模式，是宏观政策制定的理论依据及选择调控手段的基础和出发点，政策目标群体的隐含前提是它们或它们的代表性主体具有理性行为特征，而现实经济中却大量存在着买涨不买跌、不确定条件下的决策偏离 V-N-M 效用公理和注重公平、合作及互利等不合自利理性的行为现象（或许在中国的社会经济环境中表现得更为明显），正统经济学将这些看成非理性或异常行为。行为经济学（Kahneman，2003）和实验经济学（Smith，2003a，2003b）等当代经济学分支就是以所谓的异常行为作为主要研究对象。与基本行为假设有显著差异的行为特性都可以看成行为的异质性（王国成，2007），与这方面有关的理论研究进展迅速，实际中的政策制定也更加需要关注异质性微观主体的行为特征。当现实行为明显偏离理论参照时，当政策目标群体的反应类型不符、反应不足或反应过度时，都不可能收到预期的政策效果。政策的制定应当从互动的"新兴的社会科学范式"的视角，熔个人行为和环境演化于一炉，融会贯通地分析人为什么会有合作动机，基于自利的激励机制、制度和政策设计为什么有时会适得其反（Back-fire），等等。政策的制定应当强调真实世界中的行为人是会根据实际情况不同做出多样性、异质性和非理性反应的自适应性微观主体（Bowles，2004）。政策制定者不仅要提高政策的针对性和有效性等，还要特别注意到政策的区分度，充分考虑政策目标群体中的类别差异和个体的异质性特征，细分政策，充实内容，给政策对象更多的自主选择权。关于教育回报的样本选择性偏差效应从这方面给了微观计量的实证分析的支持（Heckman，2001；李雪松等，2004）。

三 实验设计、运行与结果分析[①]

1. 实验经济学原理

用实验方法研究经济问题最早可追溯到 18 世纪伯努利等人对彼得堡悖论的探讨,而现代意义上的实验经济学形成发展于 20 世纪中期,按思想源流和应用领域可大致理出以下三条线索。一是不确定决策,其主要特点是用实验方法研究不确定性条件下人们的风险决策行为,源于萨斯通(Thurstone,1931)用实验方法确定个体无差异曲线,后经普洛特等人(Plott, et al., 1982)继承发展,尤其是受卡奈曼(Kahneman,2003)等人在实验中考虑心理因素创立的行为经济学的有力推动;二是市场竞争模拟和市场设计,此流派发端于张伯伦等人对不完全竞争市场的思索,经史密斯等人的传承和发扬,坚持不断地用实验方式研究市场竞争现象、规律和可选择机制,总结经济学实验的原理、规范和方法,以及罗斯等人(Kagel and Roth,1995)侧重用博弈实验方法进行市场设计,在产业组织、证券市场研究等方面取得了卓有成效的应用成果;三是关于重复博弈的实验,这些实验借助博弈模型和方法,将复杂现象的演变转化到可控的实验室中进行(Plott,1990),重点研究从非合作与合作博弈、利己与利他动机、公平与效率的倚重到知情权、信任与信息因素对策略选择行为的影响。传统经济学是对个人偏好外生给定情况下的自利行为进行研究,而博弈实验方法能更好地揭示个人行为的社会影响以及个人行为如何与他人和外部环境因素相互作用,最后通牒博弈(Ultimatum Game)、公共品博弈(Public Goods Game)、信任博

[①] 该项实验的部分内容,已在实验经济学亚太年会上(Aug. 2007,Shanghai)作学术报告交流(见 Guocheng Wang,"Job Search for Chinese Students:An Experimental Study"),作者感谢与会的国内外同行和专家提出的宝贵评议。

弈（Trust Game）和独裁者博弈（Dictator Game）等经典实验案例，研究了诸如公平偏好等社会性偏好（Social Preference）对人类行为的影响。

从人们的现实经济活动中抽象出理性行为特征，难免有些刻板和机械之嫌，但承认人类行为存在某些规律并能在特定的环境下一定程度地将这些规律复制和表现出来，这实质上就是实验经济学遵循的偏好诱导（Preferences Elicitation）或诱导价值（Induced Value）原理，其更符合人们的认知习惯和理论发展的内在规定。我国学界也正在逐步认识和接受实验经济学（葛新权、王国成，2006），将其与一些相对规范和成熟的经验、计量实证方法相结合，在经济研究中日益发挥着重要的作用（王国成，2007）。

实验经济学最富有成果的应用领域之一是劳动经济学（Falk and Fehr，2003）。与一般商品市场上的购买决策行为和资本市场上的投资决策行为相比，就业选择行为受个人条件、时间偏好和长期效应、心理活动、他人和外界等因素动态影响的机理更复杂、程度更深，个体之间的差异性明显，而且各国的教育发展特点与社会经济联系的密切程度和反应机制等宏观环境也有明显不同。现有的就业理论主要从总体上认识具有普遍特征的就业行为、劳动力供求均衡关系和市场运作规律，而运用博弈论与实验经济学结合的方法和手段，能够深入研究劳动力市场的特殊性，揭示个性化、差异化的微观主体对劳动力就业市场的影响机制，有望更好地分析解决中国劳动力市场和大学生就业中存在的问题（葛新权、王国成，2007）。

2. 实验的设计与运行

本项实验的名称为：高校毕业生就业选择实验（Game for Job Searching of Students，GJSS）；遵循实验经济学原理和规范，设定的实验目的是：通过不同专业、不同学校、不同地域、不同层次人员的参与，根据他们在多轮次、有反馈的不同就业率和竞争系数环境下做出的个体就业选择策略，按照综合竞争力进行单个实验和系列实验的排名统计；所要研究的主要问题是：在给定不同的就业率和竞争系数情况下，观察研究就业选择行为对起薪标准和就业市场的影响及相关的宏观问题，整个实验过程计划分为：不确定条件下的个体决策、有限岗位竞争博弈和实际推广应用三个阶段；基本研究方法是：在设计互动、多轮反馈的调查问卷基础上，结合应用实验室和现代网络环境，考虑可控因素和提高内部效度（包括实验环境和规则、逻辑一致性选项和题目、语境、问卷内容等因素）与外部效度（扩大采样规模，加强样本的代表性，丰富参与实验的途径和方式），并与典型和重点抽样相结合，在实验后重点对被试进行深度的专项访谈，了解被试对象对试验方法的感受和对就业的看法。

本项实验客观、深入地观察分析我国高校毕业生就业的现状、择业行为特点和趋势，以及存在的问题和原因；考察在就业率和竞争强度不同的情况下，大学生择业与起薪标准、就业岗位和地域的选择与学历、专业、性别、学习成绩、受教育成本、个人兴趣、生源、家庭背景、社会关系、工作实践、应聘成本和经验、心理素质、信息敏感和利用程度、应变能力、毕业学校和综合评价等主要影响因素的关系，探讨就业预期目标、选择应对策略等择业行为的方式和特点。结合变动岗位需求和竞争强度，考察被试者如何将社会需求、所学专业和个人兴趣进行有机结合，探讨它们之间的内在关系、联动机理和运行机制。

在实际调查分析，并与政府相关部门、高校毕业生就业指导机构、各用人单位研讨与咨询的基础上，本项实验根据真实择业行为的过程和就业市场的特点确定各阶段的实验规则、实验内容和实验方法；在不同地区、不同学校、不同专业的大学三、四年级和研究生一、二年级学生中大样本地选择被试对象，有目的、有针对性地选择和组织被试对象参与实验，采用随机匹配与典型分组相结合的方式，设置多轮次实验；逐步、分别地对一些主要影响因素做变动分析，特别设定真实就业率预测

值 $\hat{R}_e$、理想就业率 $\tilde{R}_e$ 和最低就业率 R_e，针对不同的竞聘职业和岗位做相应变动，考察不同市场环境和竞争强度下择业行为的变化；本项研究以理论研究与实验分析相结合，将就业市场理论、博弈论、信息经济学和激励理论等理论与实验经济学方法相结合，并借鉴和辅之以专家咨询与心理实验方法，深入分析大学生的择业特点及心理行为，并指出就业市场存在的问题与原因；本项研究主要采用货币激励（激励强度：平均小时工资的 1~5 倍），辅之以学业、品行和社会实践的综合评定奖励计分，以此调动被试者参与的积极性和真实性，并在实验的选项中设计逻辑一致性题目，检测被试主体是否认真地填写选项，以保证实验的内部效度；本项研究大量收集真实信息和科学权威的分析以及政策发布，在实验中能产生亲临招聘会的真实感受，在条件许可下尽可能地扩大样本量和被试对象的代表范围，保证实验的外部效度；本项研究对实验结果进行不同参数设置下的差异性对比和组间、组内分析，使所得结论在推广移植中具有普适性，并据此提出政策建议和措施。

为检验个体理性程度、同质性假设等在劳动力市场中的合理性问题，通过在可控条件下可重复观察被试对象的具体选择行为，对于重点的个体选择模块，我们主要考虑了以下几个因素。

（1）薪酬变量——涉及起薪标准、晋级方式（频率高低、级差大小、次数多少）、发展预期、是否规定试用期及长短等。

（2）专业对口——关系个人的兴趣、招聘单位的性质、工种类别、发展模式。

（3）地域——对工作地点在首都、省会、中小城市、家乡、支援西部或老少边贫、其他政策性鼓励、出国留学、无明确要求（不限）等分别考虑。

（4）社会资源——考虑亲情及友情等社会关系在职业搜寻中的作用。

（5）求职成本——考虑职业搜寻中花费的货币与时间、精力与身体等代价。

（6）其他——包括择业态度（先就业后择业）与一次到位、风险承受、心理活动、等待年限、自主决策（受他人影响），并要求被试对象对以上因素的权重或看重程度进行排序。

之所以选择高校毕业生群体作为被试对象，是因为他们是知识型劳动者，有代表性、参与感、自主权和纪律性，具有较高的专业知识水平，对计算机和网络环境比较熟悉；他们的目标明确、愿望迫切、时效性强，有利于实验的招募、组织实施和过程控制，获取的数据可靠规范，分析结果可信度高，能更好地体现博弈实验的特点。

3. 实验结果的初步分析

本项实验目前共进行了 10 组 100 多人次，就现阶段采集的 108 个有效样本所获取的数据而言，根据样本散点图的分布形态，我们分别设定了以起薪标准为应变量，以上学费用（分为直接费用和包括学费两种情况考虑）和收回教育投资期限（按月）为自变量的二元线性函数、非线性的二次函数和双曲函数（倒数）等回归模型，利用 Eviews（V3.1）软件共对 16 个回归方程进行了计量分析（有关估计值见表 8-2）。从样本决定（可决）系数的估值范围（0.0178~0.3252）看出，未能支持起薪标准与就业率正相关（与竞争强度负相关）、与求学费用正相关和与预期归还期限负相关等已有理论观点和预见。$D.W.$ 值分布在 1.2~2.9 之间，经检验也可认为不存在相关性，由此，在一定程度上可以说明参与实验的被试主体是在进行独立选择和决策，基本上符合实验经济学的规范要求。

我们对在接近真实就业率（$\hat{R}_e$ 的预测值为 70%）情况下的实验数据进行了重点统计和计量分析，而对设定的较高就业率（$\bar{R}_e = 90\%$）和较低就业率（$\underset{\sim}{R}_e = 50\%$）等情形下的数据主要是进行了直观的对比分析。为保证符合统计假设检验的样本独立性要求和实验经济学的规范，我们将不同就业率、不同组的上学

表8-2 回归方程估计值

方程序号	1	2	3	4	5	6	7	8
R^2	0.2343	0.3252	0.1614	0.0178	0.2049	0.1316	0.1866	0.2768
R_a^2	0.1323	0.2352	0.0496	-0.1135	0.0988	0.0158	-0.0167	0.0960
D.W.	2.9669	2.9851	1.7369	1.9751	2.7996	2.9233	1.5788	1.4297
方程序号	9	10	11	12	13	14	15	16
R^2	0.2032	0.2057	0.1596	0.1601	0.2440	0.2992	0.1405	0.2119
R_a^2	0.0040	0.0071	-0.0505	-0.0498	0.2125	0.2699	0.1047	0.1791
D.W.	1.2541	1.2154	1.3192	1.3392	1.3661	1.5194	1.2043	1.3927

注：R^2——样本决定系数；R_a^2——调整后的样本决定系数；D.W.——自相关性检验。

费用（分为直接费用和包括学费两种情况考虑）、归还期限、心理底限、期望起薪和乐观起薪的实验数据进行交叉匹配，进行组内相对标准差（除以均值）的大小顺序比较和组间差异显著性的统计检验，大体呈现：均值和方差随就业率变化而变化的关系不显著，但期望起薪和乐观起薪的样本标准差小于心理底限的样本标准差（见表8-3），这说明每一被试主体有个性化的自我评价和预期相对稳定的薪水标准。

表8-3 分组样本均值方差

组别	1	2	3	4	5	7	8	10
N	10	16	16	16	16	13	6	9
$\bar{x}_b$	860.00	975.00	1068.75	862.50	1062.50	1907.69	1716.67	1422.22
S_b	313.40	297.77	559.43	185.74	298.61	592.26	735.98	1026.86
$\bar{x}_m$	1600.00	1375.00	1781.25	1550.00	1631.25	2384.62	2500.17	2344.44
S_m	402.77	341.57	652.40	513.81	315.63	588.57	447.44	1394.73
$\bar{x}_t$	2200.00	2000.00	2562.50	2437.50	2268.75	2984.62	3500.00	3555.56
S_t	586.89	632.46	853.91	946.48	484.04	503.07	632.46	2098.28

注：(1) N为每组样本数，$\bar{x}_i$为样本均值（单位：元），S_i^2为样本标准差，$i = b$、m、t分别表示心理底限、期望起薪和乐观起薪。

(2) 第8、第9和第10组的被试主体为在读硕士研究生，其余为大学本科三、四年级学生。

(3) 因第6组和第9组只有3个样本，故略去。

影响就业选择的因素是错综复杂的。在本项研究中,让被试主体对影响职业搜寻的首要因素进行排序,其选择结果见表8-4。

表8-4　影响因素排序

影响因素	发展前景	收入待遇	个人兴趣	稳定程度	专业对口	单位性质
样本总数108	59	15	12	11	9	2

在现代市场经济条件下,劳动力是一种特殊的商品,尤其是那些受过高等教育的劳动力或知识劳动者,他们的品质属性和价值构成比一般商品更加复杂,其流动方式和使用价值实现的环境条件也具有一些特殊性。由于受劳动力(尤其是脑力劳动者)价值的构成、测度和实现条件的复杂本质影响,求职活动的选择范围、搜寻成本、决策规则等与商品市场上的搜寻行为明显不同,择业决策远比一般消费决策复杂,职业搜寻行为不宜被看成自利理性主体的纯经济行为。通过被试对象对就业影响因素的排序,不公平厌恶(Inequity Aversion)和模糊规避(Ambiguity Aversion)等行为特征也有所体现。

从方法论因素上看,数据的内在逻辑一致性(底限、期望和乐观三种状态下薪金标准的高低顺序关系等)可反映本项实验研究具有较高的内部效度;本实验正在通过改进综合评价函数,在互联网上开放,扩大参与学校、专业及被试人数等方式来提高外部效度;与一般的问卷方式和常用的实证方法相比,本项实验方法几乎覆盖了问卷调查研究的全部功能,丰富了实证研究工具和方法。从基于同质的、孤立静态的理性主体和已发生的经验性数据(不发生交互作用、单轮次、不进行修正调适、因素不可控等),到基于不同的个体背景、可多轮有反馈、互动交互性(被试主体之间、被试对象与实验和外部环境之间)的真实行为主体,本项实验让所有被试对象面临相同的、真实的多情景方案进行选择，从而主动获取实验所需数据，提高研究的科学性和有效性[①]。诸如劳动力等价值构成复杂的特殊商品，它们的价格是由供求双方协商议定，对于这类问题，运用实验经济学方法研究更为有效（Falk and Fehr，2003）。当然，现阶段只是将实验研究作为辅助补充方法，还不可能在短期内完全替代其他相对成熟的分析方法，但将它们结合使用有利于进一步完善实证方法的功能。

四 基本结论与政策建议

劳动力市场上个体求职行为的异质性特征显著，这对解释相关的宏观现象、对制定相应的制度和政策的影响效应显著。政策设计者应据此更加注意对目标群体中具有不同特征的亚类加以区分，以丰富政策内容、促进政策结构优化和提高政策效果。

1. 基本结论

从对相关理论和政策依据的评述与实验结果的分析中可知，大学生求职是受经济、心理、社会和教育等多方面因素综合影响的复杂行为，这显现了仅用现有经济理论和方法进行分析解释及预见的局限性。虽然起薪标准随就业率的变动有一定的起伏波动，呈现弱的正相关关系，但在同样的就业政策和市场环境条件下，不同的被试主体对起薪标准的选择有显著差异，这一点在心理底限和乐观起薪上表现得更为明显；由于接受高等教育的成本、学习成绩、发展志向、生活方式、个人性格和兴趣、毕业学校、所学专业、综合素质、学生来源及社会资源等方面的差异，被试主体对就业率变化和市场竞争强度改变的反应程度，个体差异性也是显而易见的。这表明大学生择业行为的异质性特征显

[①] 有关该实验的规则说明、报名协议、选题设计、组织实施、程序编写调试、运行控制和结果处理及实验室建设等详细情况，感兴趣者可与作者联系、交流。

著，政策的制定和实施应该有区分地对待具有不同行为特征的目标群体，这样才会产生更好的政策效果。

在多轮次、多场景的实验中，尽管受试者各自选填的起薪标准与就业率和市场环境有一定的关联性，但对特定的大学生求职群体来说，59/108 的被试者都将公平的发展前景视为影响择业行为的第一要素，即在综合考虑就业选择问题时，这一因素的权重最大。虽然公平发展前景的含义可能因人而异，但对这一点的高度认同至少说明就业并不是一个纯经济问题，求职者（尤其是脑力劳动者）也不宜过于简单地被假定为自利的经济人，因而，我们不可能完全依赖市场化的做法从根本上解决就业难的问题。改善就业环境，建立统一的信息平台，增加透明度，增强求职者的自主选择权，扩大职业搜寻范围、降低搜寻成本，提高信息的真实有效性、针对性和预见性，都可以被用来保证就业起点的公平。公平观等社会偏好在个体职业搜寻中起着重要作用，此理论观点得到了实验实证的有力支持。另外，上述内容也表明，在研究职业搜寻和劳动经济学等方面的问题时，运用实验经济学方法具有独特优势。

2. 政策建议

高校毕业生就业制度与政策的制定实施，总体上要实行以学生为本，相关各方职责分明、行为边界清晰，加强学校在就业链条中的关键作用，实施多渠道、多方式和共同努力、共同受益的多元化战略；要本着与高等教育的改革发展相适应、与高等教育在我国社会经济发展中的地位相适应、与高校学生的基本情况和择业行为特征相适应等原则，将高校毕业生的就业纳入全国就业总体规划中统筹考虑。

我国高等教育的办学主体是国家和各级政府，在经费来源、办学目标、管理体制、专业设置、招生规模等方面赋予学校的自主权极其有限，而且市场环境、法律环境、政府服务、个人发展空间及自主性等因素与发达市场经济国家大不相同，这些情况就把就业终端完全推向并交给市场，这势必造成就业过程中各个环节之间的不适应和不协调，学校的主动性降低，教育功能退化、职能萎缩。生产力发展水平对知识型劳动力提出了新的需求，高等教育发展应分阶段、按步骤、尽可能地提供相应的支持保障。由于高校办学目标和作用不明晰，学生并没有承担自身接受高等教育的全部成本并获取相应收益，用人单位对高校办学的参与热情不高，制度环境也不配套。为了丰富政策内容，政策制定者要提高主体的自主选择性以增加政策的区分度和匹配性，并使政策的"重心"下移以保持其稳定性和连续一致性，调控并保证高校毕业生劳动参与率的增长速度与我国经济增长的劳动力接纳能力相适应，使就业去向多元化，就业渠道和模式多样化；政策制定者需要明确劳动力市场中各类主体行为的特点和边界，充分调动他们的积极性，与教育的投资主体、成本承担的多元化相适应；以毕业生（家庭）为政策重心，用人单位设计有特色的、可筛选的招聘机制，学校开辟就业渠道，与招聘单位签订合作协议，从而保证一定比例的刚性就业率，政府制定政策引导和保障市场规则的公平与稳定，各司其职，和谐共赢。

从对被试对象的随访中还可以看到，被试对象所在学校和所学专业对择业也会产生影响。因此，政策的重点要从事后监管转变为事前的指导引领，发挥高校在整个就业链条中的关键和枢纽的作用，增强其主动性，加强校企合作，督促高校采取多种方式建立就业绿色通道和直通车，提前签订灵活、有选择性的就业合作协议；对于品学兼优的学生，要消除他们的就业隐忧，使他们有更多的选择，既可以将他们纳入学校为他们联系建立的就业通道，又可以直接到市场上进行双向选择。一方面，要与用人单位提前签订长期、稳定的培养输送与选聘使用规划或预备合同，建立促进毕业生就业的长效机制；另一方面，要使学生的就业意识观念和行为与社会经济发展的需求相适应，形成合理就业预期并提升自我调适能力，使大学生就业市场有序有循。另外，理顺收入分配结构和秩序、协调不同社会群体之间的利益关系，也是从个体选择与宏观环境的关系角度研究大学生就业问题需要重视的方面。

本项研究基于微观主体的择业行为特征，借助实验经济学方法，在宏观问题的微观分析框架内探讨如何制定、实施及评价就业政策与深化高等教育改革，最终促进国民经济和社会的发展。为了赋予更多的自主选择权以最大限度地发掘和调动就业主体的能动性，充分认识和发挥高等院校的关键作用，政府与用人单位要合力创造宽松、规范的制度政策与市场环境，为求职者提供可靠有效的信息和历练机会，使他们增强意识、形成合理预期、提高把握机遇和应变的能力，由此增强宏观就业政策和制度与微观择业行为的适应性、针对性和匹配度，这些是本章的基本观点和政策主张。

参考文献

[1] 葛新权、王国成：《实验经济学引论：原理·方法·应用》，社会科学文献出版社，2006。

[2] 葛新权、王国成：《博弈实验研究》，社会科学文献出版社，2007。

[3] 赖德胜、田永坡：《对中国"知识失业"成因的一个解释》，《经济研究》2005年第11期。

[4] 李雪松、Heckman：《选择偏差、比较优势与教育的异质性回报：基于中国微观数据的实证研究》，《经济研究》2004年第4期。

[5] 王国成：《基于实验方法的经济行为特征研究：当代经济学发展新特点》，《数量经济技术经济研究》2005年第10期。

[6] 王国成：《经济行为基本特征的假设检验与实证逻辑》，《数量经济技术经济研究》2007年第11期。

[7] 岳昌君、丁小浩、文东茅：《求职与起薪：高校毕业生就业竞争力的实证分析》，《管理世界》2004年第11期。

[8] 曾湘泉：《变革中的就业环境与中国大学生就业》，《经济研究》2004年第6期。

[9] Stigler, G., "The Economics of Information", *Journal of Political*

Economy, Vol. 69, June 1961, pp. 213 – 225.

[10] Acemoglu, D. , "Why do New Technologies Complement Skill? Directed Technical Change and Wage Inequality", *Quarterly Journal of Economics*, Vol. 113, November 1998, pp. 1055 – 1089.

[11] Bowles S. , *Microeconomics: Behavior, Institutions and Evolution*, NJ: Princeton University Press, 2004.

[12] Falk Armin, Ernst Fehr, "Why Labour Market Experiments?", *Labour Economics*, 10, 2003, pp. 399 – 406.

[13] Heckman J. , "Micro Data, Heterogeneity and the Evaluation of Public Policy: Nobel Lecture", *Journal of Political Economy*, Vol. 109 (4), 2001, pp. 673 – 748.

[14] Julian R. Betts, "What do Students Know about Wages? Evidence from a Survey of Undergraduates", *The Journal of Human Resources*, Vol. 31, No. 1, 1996, pp. 27 – 56.

[15] Kahneman D. , "Maps of Bounded Rationality: Psychology for Behavioral Economics", *American Economic Review*, 93 (6), December 2003, pp. 1449 – 1475.

[16] McCall, J. J. , "The Economics of Information and Optimal Stopping Rules", *Journal of Business*, Vol. 38, 1965, pp. 300 – 317.

[17] Smith V. , "Constructivist and Ecological Rationality in Economics", *American Economic Review*, 93 (3), June 2003a, pp. 465 – 508.

[18] Smith, V. , "Experimental Methods in Economics", *Encyclopedia of Cognitive Science*, Lynn Nadel (ed – in chief), Nature Publishing Group, Macmillan Publishing, New York, 2003b, pp. 1070 – 1079.

附录

实验经济学实验数据分析

注：以下数据中 X_1 是指本科生生活费；X_2 是指预期归还月数；X_3 是指本科生生活费加本科生学费；Y 是指期望起薪。

Ⅰ．第一批第一轮数据初步分析的统计分析结论

从图1和图2可以看到，X_1、X_2 粗略地与 Y 存在线性关系，还存在改进的空间。

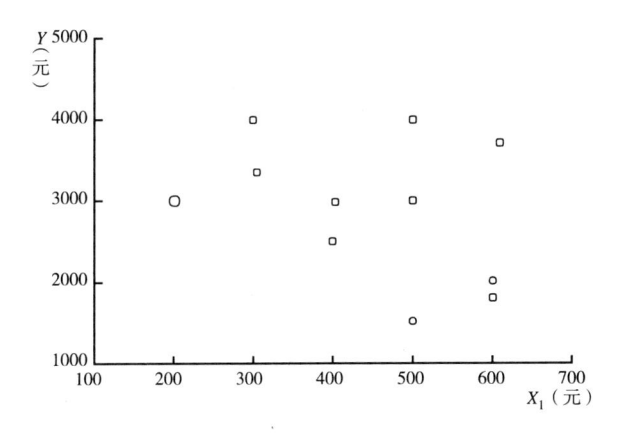

图1　本科生生活费与期望起薪的关系

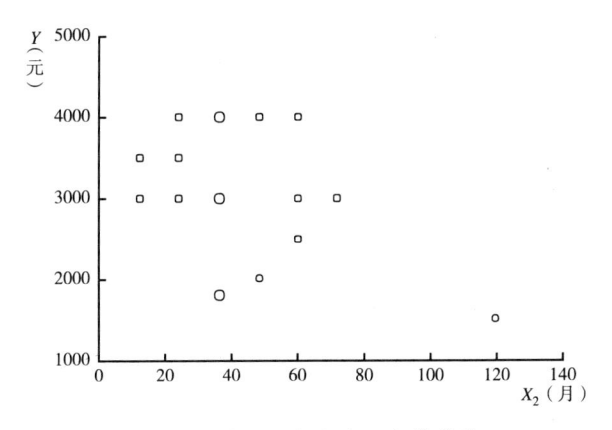

图2　预期归还月数与期望起薪的关系

$$Y = C(1) + C(2) \times X_1 + C(3) \times X_2 + U \tag{1}$$

Dependent Variable: Y
Method: Least Squares
Date: 09/28/07   Time: 16:57
Sample: 1 18
Included observations: 18

Variable	Coefficient	Std. Error	t – Statistic	Prob.
C	3875.766	675.5548	5.737159	0.0000
X_1	-0.698162	1.615462	-0.432175	0.6718
X_2	-12.55972	7.104057	-1.767965	0.0974
R – squared	0.234339	Mean dependent var		3016.722
Adjusted R – squared	0.132251	S. D. dependent var		754.7874
S. E. of regression	703.1076	Akaike info criterion		16.09991
Sum squared resid	7415403.	Schwarz criterion		16.24830
Log likelihood	-141.8992	F – statistic		2.295456
Durbin – Watson stat	2.966877	Prob(F – statistic)		0.134982

从 X_3 与 Y 的散点图（见图3）上可以看出，X_3 与 Y 也只能牵强地认为是线性关系，可能增加样本更能识别两者之间的关系。下面认为 X_2 和 X_3 都与 Y 存在线性关系，建立线性回归方程如下：

$$Y = C(1) + C(2) \times X_2 + C(3) \times X_3 + U \tag{2}$$

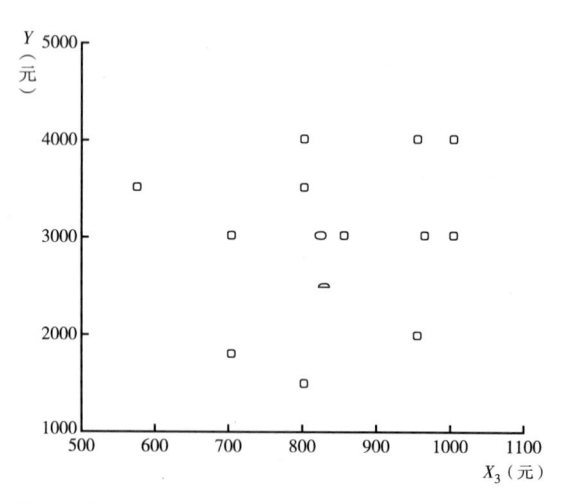

图3　本科生生活费加本科生学费与期望起薪的关系

Dependent Variable:Y
Method:Least Squares
Date:09/29/07   Time:14:13
Sample:1 18
Included observations:18

Variable	Coefficient	Std. Error	t - Statistic	Prob.
C	2001.957	1128.181	1.774500	0.0963
X_2	-15.34172	6.241701	-2.457939	0.0266
X_3	1.978947	1.324640	1.493951	0.1559
R - squared	0.325209	Mean dependent var		3016.722
Adjusted R - squared	0.235237	S. D. dependent var		754.7874
S. E. of regression	660.0671	Akaike info criterion		15.97357
Sum squared resid	6535329	Schwarz criterion		16.12197
Log likelihood	-140.7621	F - statistic		3.614553
Durbin - Watson stat	2.985124	Prob(F - statistic)		0.052332

Ⅱ. 第一批第二轮数据初步分析的统计分析结论

从散点图（见图4、图5）可以看出 X_1 和 X_2 与 Y 一定程度上有线性关系。

$$Y = C(1) + C(2) \times X_1 + C(3) \times X_2 + U \tag{1}$$

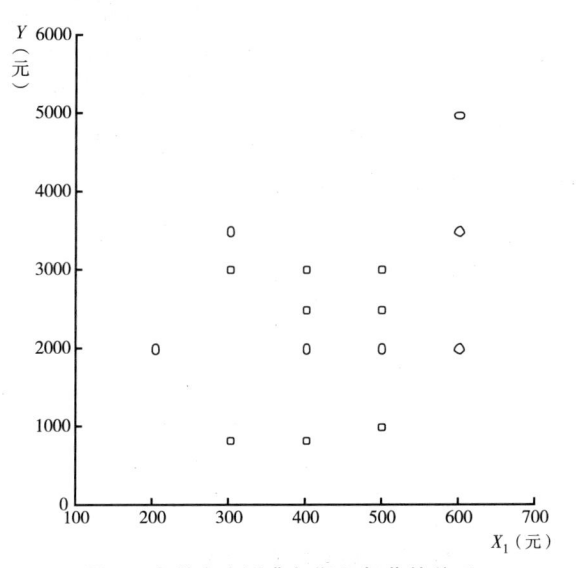

图4 本科生生活费与期望起薪的关系

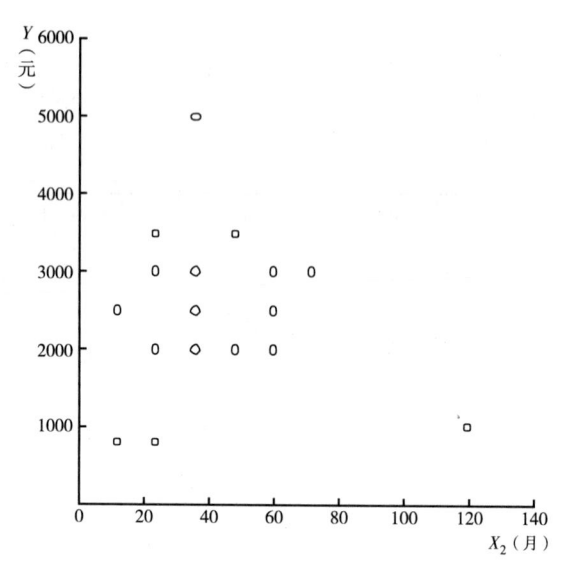

图 5　预期归还月数与期望起薪的关系

Dependent Variable: Y
Method: Least Squares
Date: 09/29/07　Time: 16:05
Sample: 1 18
Included observations: 18

Variable	Coefficient	Std. Error	t – Statistic	Prob.
C	1283.823	971.1121	1.322014	0.2060
X_1	3.800115	2.322231	1.636407	0.1226
X_2	–10.76860	10.21210	–1.054494	0.3083
R – squared	0.161385	Mean dependent var		2477.833
Adjusted R – squared	0.049570	S. D. dependent var		1036.741
S. E. of regression	1010.719	Akaike info criterion		16.82572
Sum squared resid	15323299	Schwarz criterion		16.97412
Log likelihood	–148.4315	F – statistic		1.443320
Durbin-Watson stat	1.736891	Prob(F – statistic)		0.267127

从图 6 可以看到，X_3 与 Y 同样不存在很明显的线性关系，接下来在粗略地认为 X_2 和 X_3 与 Y 存在线性关系，因此可以建立如下线性回归方程：

$$Y = C(1) + C(2) \times X_2 + C(3) \times X_3 + U \qquad (2)$$

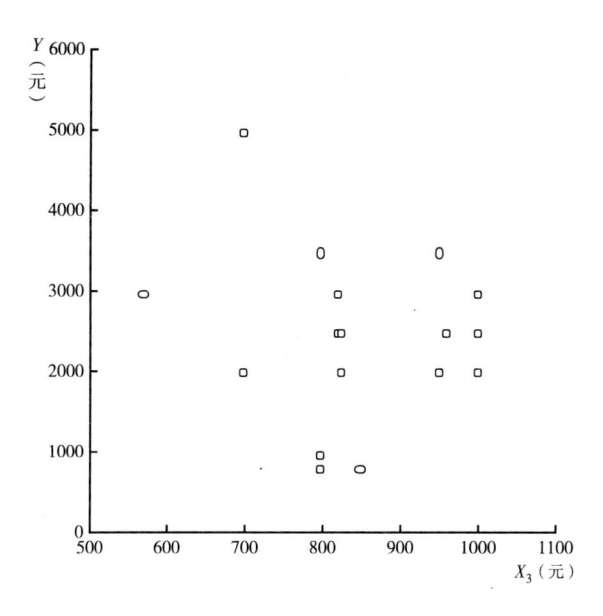

图 6 本科生生活费加本科生学费与期望起薪的关系

Dependent Variable: Y
Method: Least Squares
Date: 09/29/07   Time: 16:14
Sample: 1 18
Included observations: 18

Variable	Coefficient	Std. Error	t - Statistic	Prob.
C	3214.483	1869.609	1.719334	0.1061
X_2	-3.764432	10.34368	-0.363936	0.7210
X_3	-0.668723	2.195178	-0.304633	0.7648
R - squared	0.017751	Mean dependent var		2477.833
Adjusted R - squared	-0.113215	S. D. dependent var		1036.741
S. E. of regression	1093.856	Akaike info criterion		16.98382
Sum squared resid	17947804	Schwarz criterion		17.13221
Log likelihood	-149.8544	F - statistic		0.135540
Durbin-Watson stat	1.975141	Prob(F - statistic)		0.874302

Ⅲ. 第一批第三轮数据初步分析的统计分析结论

同样从散点图（见图 7、图 8）可以看出 X_1 和 X_2 与 Y 没有显著的线性关系，建立线性回归模型可能会使拟合效果大打折扣，

在此简单地认为 X_1 和 X_2 与 Y 存在线性关系，建立线性回归模型来观察解释效果。

$$Y = C(1) + C(2) \times X_1 + C(3) \times X_2 + U \qquad (1)$$

图7 本科生生活费与期望起薪的关系

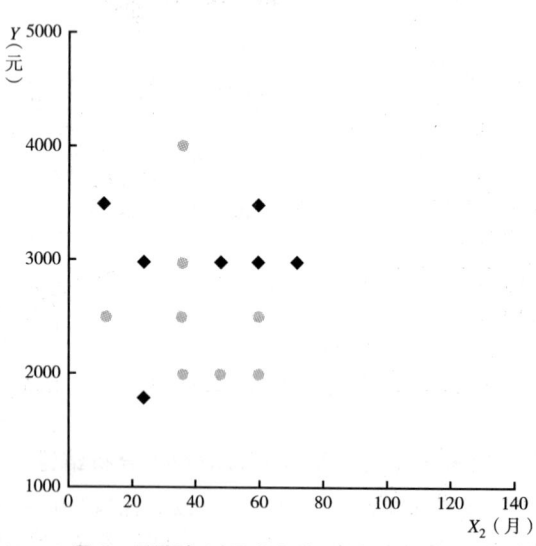

图8 预期归还月数与期望起薪的关系

Dependent Variable: Y
Method: Least Squares
Date: 09/29/07   Time: 18:01
Sample: 1 18
Included observations: 18

Variable	Coefficient	Std. Error	t – Statistic	Prob.
C	2496.207	603.3281	4.137396	0.0009
X_1	1.702381	1.442745	1.179959	0.2564
X_2	-12.09537	6.344529	-1.906425	0.0759
R – squared	0.204860	Mean dependent var		2711.167
Adjusted R – squared	0.098841	S. D. dependent var		661.4759
S. E. of regression	627.9350	Akaike info criterion		15.87376
Sum squared resid	5914536	Schwarz criterion		16.02216
Log likelihood	-139.8639	F – statistic		1.932300
Durbin-Watson stat	2.799591	Prob(F – statistic)		0.179196

在此也粗略地认为 X_3 与 Y 存在某些程度的线性关系（见图 9），建立如下线性回归方程：

$$Y = C(1) + C(2) \times X_2 + C(3) \times X_3 + U \qquad (2)$$

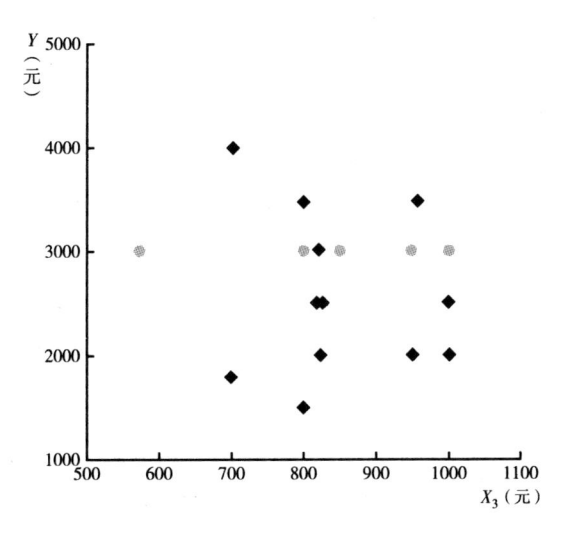

图 9 本科生生活费加本科生学费与期望起薪的关系

Dependent Variable: Y
Method: Least Squares
Date: 09/29/07   Time: 18:07
Sample: 1 18
Included observations: 18

Variable	Coefficient	Std. Error	t - Statistic	Prob.
C	3221.218	1121.610	2.871960	0.0116
X_2	-9.095320	6.205343	-1.465724	0.1634
X_3	-0.128655	1.316924	-0.097694	0.9235
R - squared	0.131607	Mean dependent var		2711.167
Adjusted R - squared	0.015822	S. D. dependent var		661.4759
S. E. of regression	656.2222	Akaike info criterion		15.96189
Sum squared resid	6459415	Schwarz criterion		16.11028
Log likelihood	-140.6570	F - statistic		1.136646
Durbin-Watson stat	2.923349	Prob(F - statistic)		0.347033

Ⅳ. 第二批第一轮数据初步分析的统计分析结论

从散点图（见图 10、图 11）可以看出，X_1 和 X_2 与 Y 存在一定的线性关系，可以建立线性回归方程：

$$Y = C(1) + C(2) \times X_1 + C(3) \times X_2 + U \qquad (1)$$

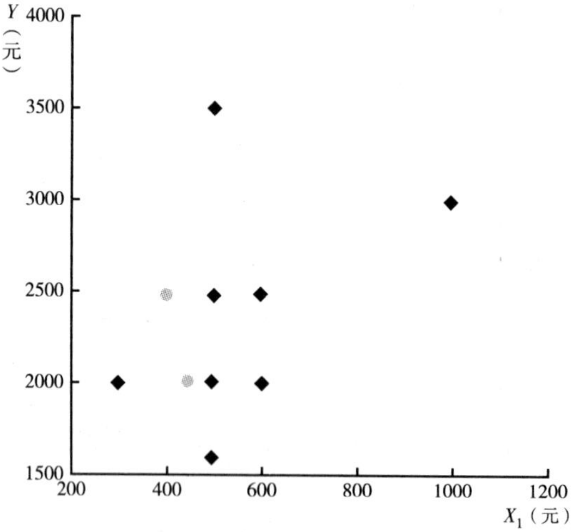

图 10　本科生生活费与期望起薪的关系

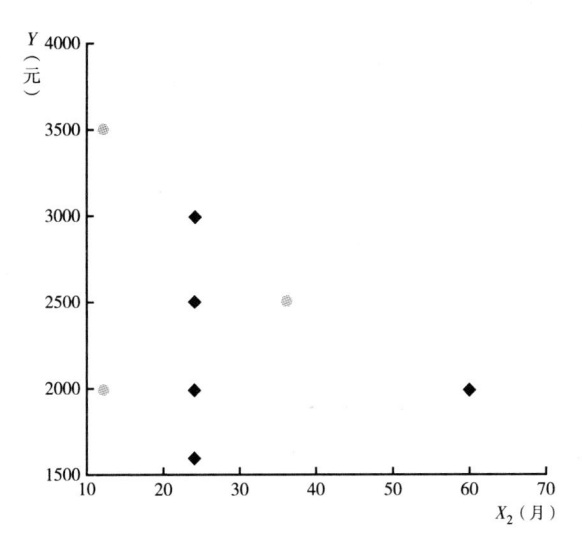

第八章 基于异质性微观主体就业政策的实验研究

图 11　预期归还月数与期望起薪的关系

Dependent Variable:Y
Method:Least Squares
Date:09/29/07　Time:21:24
Sample:1 11
Included observations:11

Variable	Coefficient	Std. Error	t - Statistic	Prob.
C	2056.612	765.4655	2.686747	0.0276
X_1	0.994610	1.024774	0.970565	0.3602
X_2	-8.129156	13.96923	-0.581933	0.5766
R - squared	0.186626	Mean dependent var		2372.727
Adjusted R - squared	-0.016717	S. D. dependent var		536.8257
S. E. of regression	541.2943	Akaike info criterion		15.65280
Sum squared resid	2343996.	Schwarz criterion		15.76132
Log likelihood	-83.09042	F - statistic		0.917787
Durbin-Watson stat	1.578782	Prob(F - statistic)		0.437684

从图 12 我们能看到 X_3 与 Y 也存在一定的线性关系，因此可以建立以下的线性回归方程：

$$Y = C(1) + C(2) \times X_2 + C(3) \times X_3 + U \qquad (2)$$

Y 4000
(元)

3500

3000

2500

2000

1500
   800   1000   1200   1400   1600
                                    X_3(元)

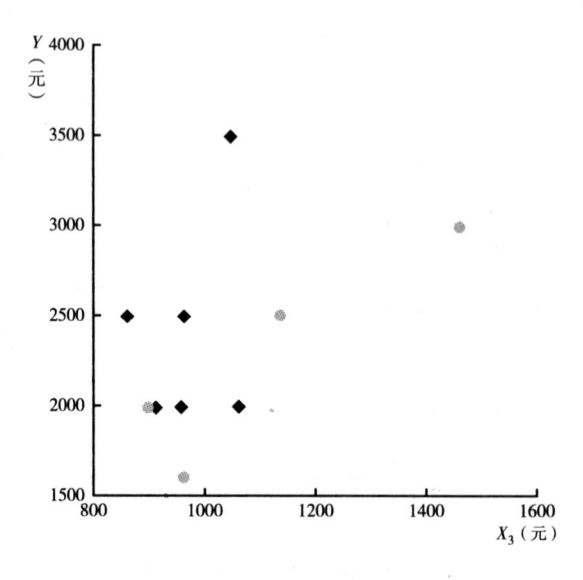

图 12　本科生生活费加本科生学费与期望起薪的关系

Dependent Variable: Y
Method: Least Squares
Date: 09/29/07　Time: 21:32
Sample: 1 11
Included observations: 11

Variable	Coefficient	Std. Error	t – Statistic	Prob.
C	1162.520	1131.147	1.027735	0.3341
X_2	-9.052942	12.69846	-0.712917	0.4962
X_3	1.419486	0.989751	1.434185	0.1894
R – squared	0.276795	Mean dependent var		2372.727
Adjusted R – squared	0.095994	S. D. dependent var		536.8257
S. E. of regression	510.4097	Akaike info criterion		15.53531
Sum squared resid	2084144	Schwarz criterion		15.64382
Log likelihood	-82.44418	F – statistic		1.530938
Durbin-Watson stat	1.429668	Prob(F – statistic)		0.273555

Ⅴ．第二批第二轮数据初步分析的统计分析结论

以下的两个散点图（见图 13、图 14）大致可以认为 X_1 和

X_2 与 Y 存在线性关系,可建立如下线性回归方程:

$$Y = C(1) + C(2) \times X_1 + C(3) \times X_2 + U \tag{1}$$

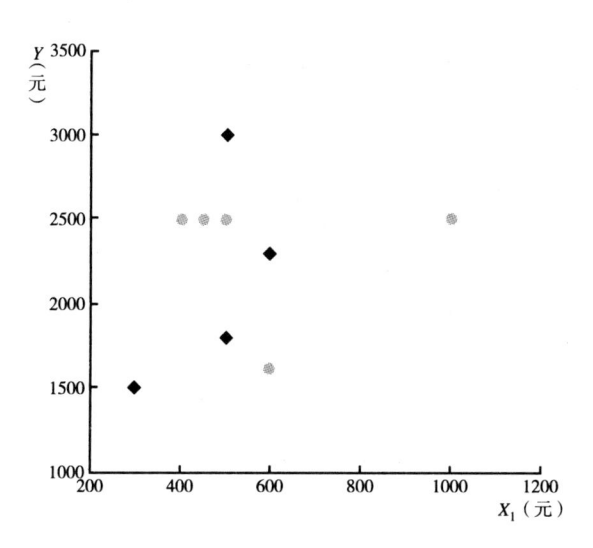

图 13　本科生生活费与期望起薪的关系

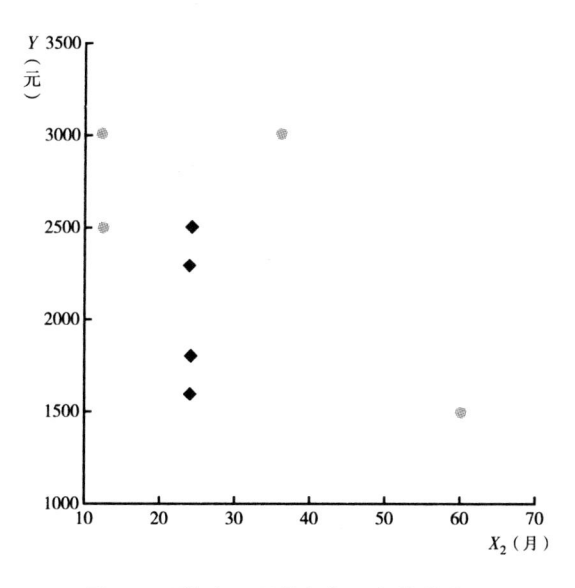

图 14　预期归还月数与期望起薪的关系

散点图（见图15）表示 X_3 与 Y 存在不明晰的线性关系，好像更接近于对数函数关系，在此仍然认为 X_3 与 Y 存在线性关系建立线性回归方程：

$$Y = C(1) + C(2) \times X_2 + C(3) \times X_3 + U \quad (2)$$

Dependent Variable: Y
Method: Least Squares
Date: 09/30/07   Time: 10:02
Sample: 1 11
Included observations: 11

Variable	Coefficient	Std. Error	t – Statistic	Prob.
C	2668.127	741.6703	3.597457	0.0070
X_1	0.126566	0.992918	0.127469	0.9017
X_2	-17.67297	13.53498	-1.305725	0.2279
R – squared	0.203231	Mean dependent var		2272.727
Adjusted R – squared	0.004039	S. D. dependent var		525.5300
S. E. of regression	524.4677	Akaike info criterion		15.58965
Sum squared resid	2200531	Schwarz criterion		15.69816
Log likelihood	-82.74305	F – statistic		1.020277
Durbin-Watson stat	1.254121	Prob(F – statistic)		0.403023

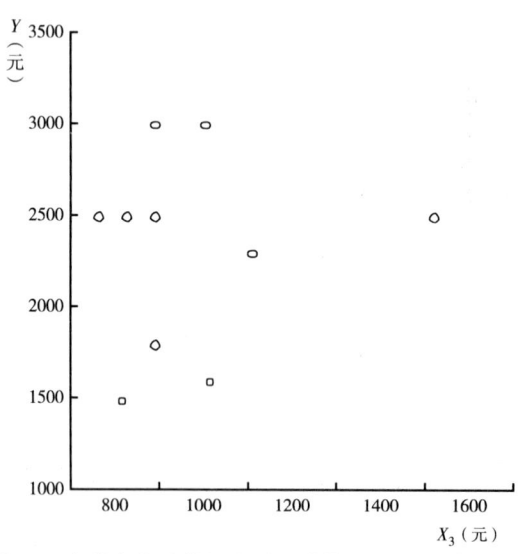

图15 本科生生活费加本科生学费与期望起薪的关系

Dependent Variable: Y
Method: Least Squares
Date: 09/30/07   Time: 10:11
Sample: 1 11
Included observations: 11

Variable	Coefficient	Std. Error	t – Statistic	Prob.
C	2527.269	1160.511	2.177721	0.0611
X_2	–17.72980	13.02810	–1.360889	0.2106
X_3	0.205637	1.015444	0.202510	0.8446
R – squared	0.205685	Mean dependent var		2272.727
Adjusted R – squared	0.007106	S. D. dependent var		525.5300
S. E. of regression	523.6595	Akaike info criterion		15.58656
Sum squared resid	2193754.	Schwarz criterion		15.69508
Log likelihood	–82.72609	F – statistic		1.035784
Durbin-Watson stat	1.215414	Prob(F – statistic)		0.398081

VI. 数据初步分析 1–3 的统计分析结论

从以下两个散点图（见图16、图17）可以看出 X_1 与 Y 大致有正向的线性趋势，X_2 与 Y 大致有反向的线性关系，我们可以建立线性回归模型来观察估计效果：

$$Y = C(1) + C(2) \times X_1 + C(3) \times X_2 + U \tag{1}$$

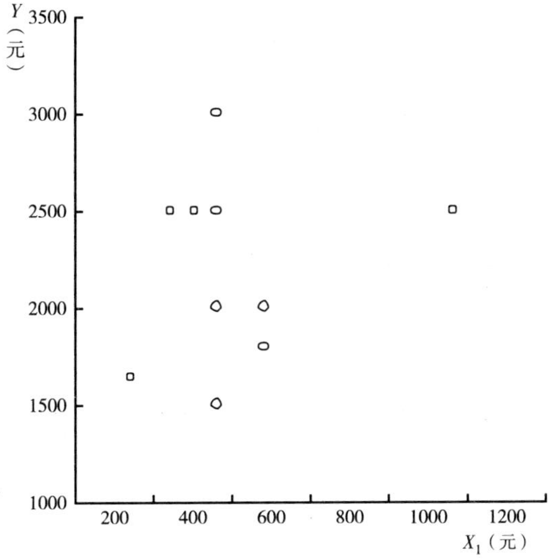

图16　本科生生活费与期望起薪的关系

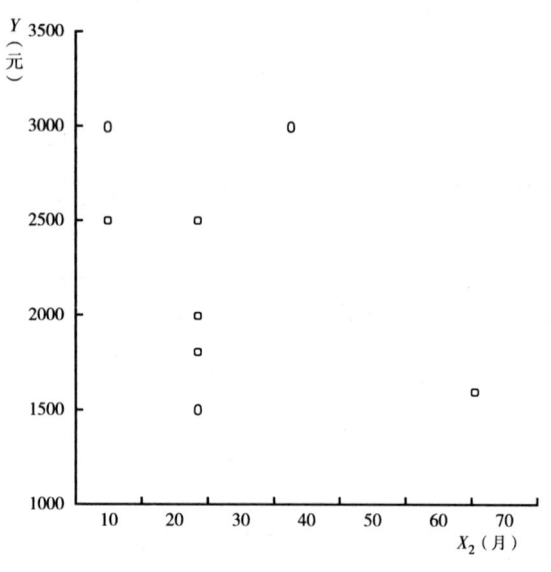

图 17　预期归还月数与期望起薪的关系

Dependent Variable: Y
Method: Least Squares
Date: 09/30/07　Time: 10:26
Sample: 1 11
Included observations: 11

Variable	Coefficient	Std. Error	t – Statistic	Prob.
C	2622.653	751.1016	3.491742	0.0082
X_1	0.090585	1.005545	0.090085	0.9304
X_2	–15.55244	13.70709	–1.134627	0.2894
R – squared	0.159602	Mean dependent var		2263.636
Adjusted R – squared	–0.050498	S. D. dependent var		518.2137
S. E. of regression	531.1369	Akaike info criterion		15.61492
Sum squared resid	2256851	Schwarz criterion		15.72343
Log likelihood	–82.88205	F – statistic		0.759648
Durbin-Watson stat	1.349207	Prob(F – statistic)		0.498816

X_3 与 Y 的线性关系还是不很明显，如果建立对数函数关系可能会使拟合的精度加大（见图 18）。目前就此模糊的线性关系建立线性回归方程：

$$Y = C(1) + C(2) \times X_2 + C(3) \times X_3 + U \qquad (2)$$

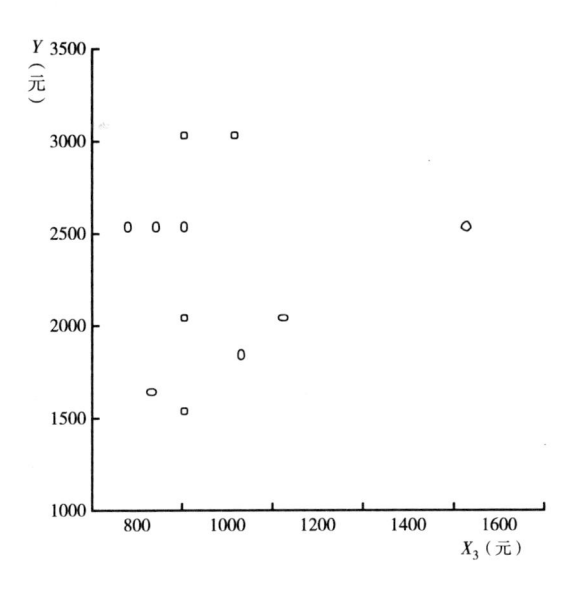

图 18 本科生生活费加本科生学费与期望起薪的关系

Dependent Variable: Y
Method: Least Squares
Date: 09/30/07   Time: 10:34
Sample: 1 11
Included observations: 11

Variable	Coefficient	Std. Error	t - Statistic	Prob.
C	2553.307	1176.711	2.169867	0.0618
X_2	-15.66367	13.20997	-1.185746	0.2697
X_3	0.118124	1.029619	0.114726	0.9115
R - squared	0.160131	Mean dependent var		2263.636
Adjusted R - squared	-0.049836	S. D. dependent var		518.2137
S. E. of regression	530.9696	Akaike info criterion		15.61429
Sum squared resid	2255430	Schwarz criterion		15.72280
Log likelihood	-82.87858	F - statistic		0.762648
Durbin-Watson stat	1.339249	Prob(F - statistic)		0.497561

VII. 第三批数据初步分析的统计分析结论

第一轮就业率为 90% 情况下的分析结果如下。

从各自的散点图（见图 19、图 20）可以看出 X_1 与 Y 的关系更趋向于二次函数关系，X_2 与 Y 的关系更趋近于反函数的关系。因此，可以建立非线性回归模型：

$$Y = C(1) + C(2) \times X_1 + C(3) \times X_1^2 + C(4)/X_2 + U \qquad (3)$$

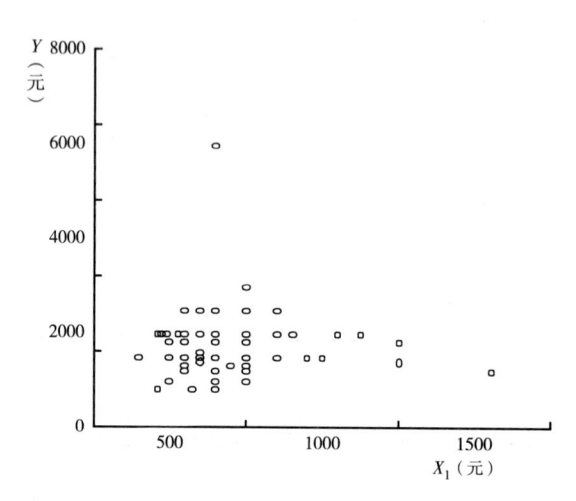

图 19　本科生生活费与期望起薪的关系

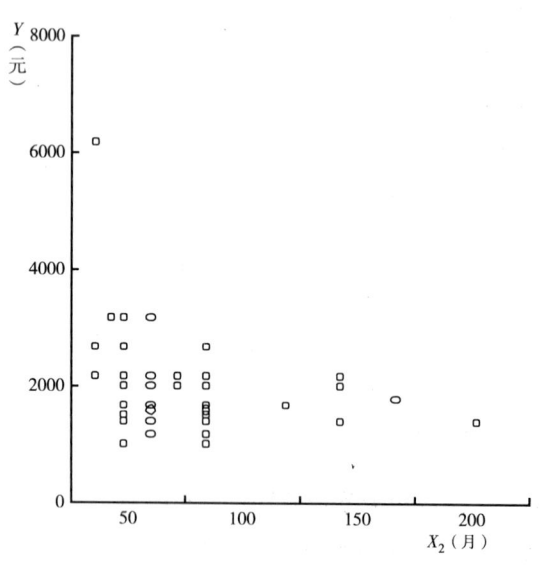

图 20　预期归还月数与期望起薪的关系

第八章 基于异质性微观主体就业政策的实验研究

下面的散点图（见图21）告诉我们 X_3 与 Y 也接近二次函数关系，同样可以建立非线性回归模型：

$$Y = C(1) + C(2) \times X_3 + C(3) \times X_3^2 + C(4)/X_2 + U \quad (4)$$

Dependent Variable: Y
Method: Least Squares
Date: 10/01/07   Time: 15:22
Sample: 1 76
Included observations: 76

$Y = C(1) + C(2) \times X_1 + C(3) \times X_1 \times X_1 + C(4)/X_2$

	Coefficient	Std. Error	t – Statistic	Prob.
$C(1)$	559.3988	395.2865	1.415173	0.1613
$C(2)$	2.598866	1.350131	1.924898	0.0582
$C(3)$	-0.002092	0.001039	-2.013265	0.0478
$C(4)$	18217.68	4115.785	4.426297	0.0000
R – squared	0.244015	Mean dependent var		1780.263
Adjusted R – squared	0.212516	S. D. dependent var		684.6936
S. E. of regression	607.5991	Akaike info criterion		15.70810
Sum squared resid	26580718	Schwarz criterion		15.83077
Log likelihood	-592.9079	F – statistic		7.746678
Durbin-Watson stat	1.366076	Prob(F – statistic)		0.000149

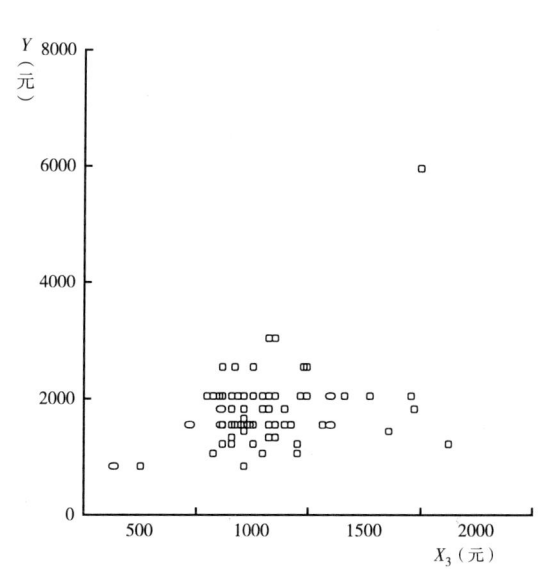

图21　本科生生活费加本科生学费与期望起薪的关系

Dependent Variable: Y
Method: Least Squares
Date: 10/01/07   Time: 15:51
Sample: 1 76
Included observations: 76

$Y = C(1) + C(2) \times X_3 + C(3) \times X_3 \times X_3 + C(4)/X_2$

	Coefficient	Std. Error	t – Statistic	Prob.
$C(1)$	-152.5823	674.0605	-0.226363	0.8216
$C(2)$	2.181276	1.274183	1.711902	0.0912
$C(3)$	-0.+000673	0.000606	-1.109278	0.2710
$C(4)$	17647.86	4044.472	4.363453	0.0000
R – squared	0.299150	Mean dependent var		1780.263
Adjusted R – squared	0.269948	S. D. dependent var		684.6936
S. E. of regression	585.0231	Akaike info criterion		15.63238
Sum squared resid	24642146	Schwarz criterion		15.75505
Log likelihood	-590.0303	F – statistic		10.24416
Durbin-Watson stat	1.591439	Prob(F – statistic)		0.000011

第二轮就业率为 70% 的情况下的分析结果如下。

和第一轮一样，X_1 与 Y 大致是二次函数关系，而 X_2 与 Y 大致是反函数关系（见图 22、图 23），因此可以建立如下非线性回归模型：

$$Y = C(1) + C(2) \times X_1 + C(3) \times X_1^2 + C(4)/X_2 + U$$

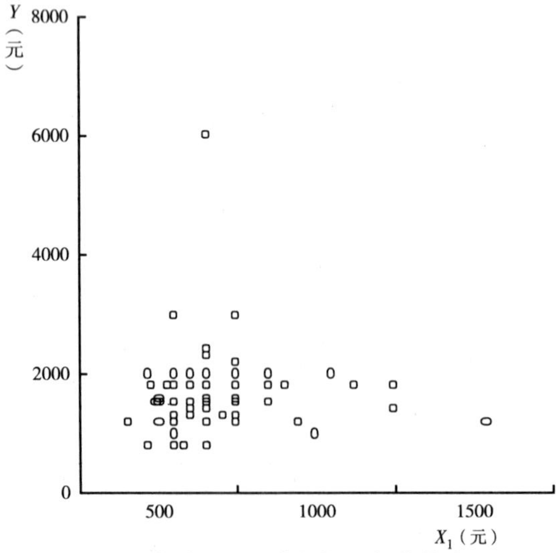

图 22　本科生生活费与期望起薪的关系

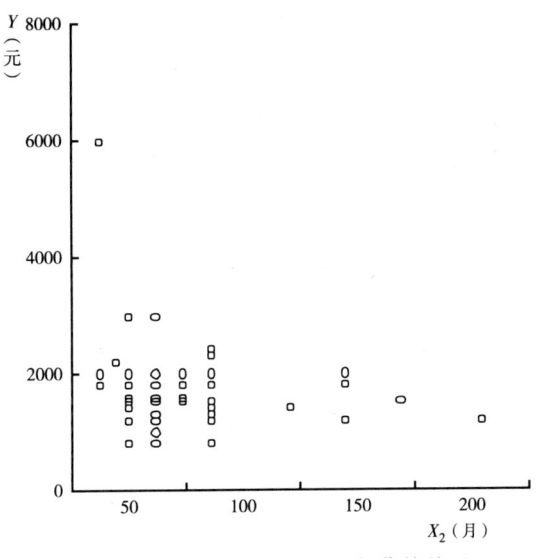

第八章 基于异质性微观主体就业政策的实验研究 | 169

图 23 预期归还月数与期望起薪的关系

Dependent Variable:Y
Method:Least Squares
Date:10/01/07　Time:16:10
Sample:1 76
Included observations:76

$Y = C(1) + C(2) \times X_1 + C(3) \times X_1 \times X_1 + C(4)/X_2$

	Coefficient	Std. Error	t - Statistic	Prob.
$C(1)$	643.1308	423.1466	1.519877	0.1329
$C(2)$	2.402254	1.445290	1.662126	0.1008
$C(3)$	-0.001898	0.001112	-1.706178	0.0923
$C(4)$	13263.43	4405.869	3.010400	0.0036
R - squared	0.140539	Mean dependent var		1669.737
Adjusted R - squared	0.104729	S. D. dependent var		687.4144
S. E. of regression	650.4232	Akaike info criterion		15.84320
Sum squared resid	30459623	Schwarz criterion		15.96699
Log likelihood	-598.0841	F - statistic		3.924491
Durbin-Watson stat	1.204335	Prob(F - statistic)		0.011841

从散点图（见图 24）可知 X_3 和 Y 粗略地看上去接近二次函数的关系，我们建立以下非线性回归模型：

$$Y = C(1) + C(2) \times X_3 + C(3) \times X_3^2 + C(4)/X_2 + U$$

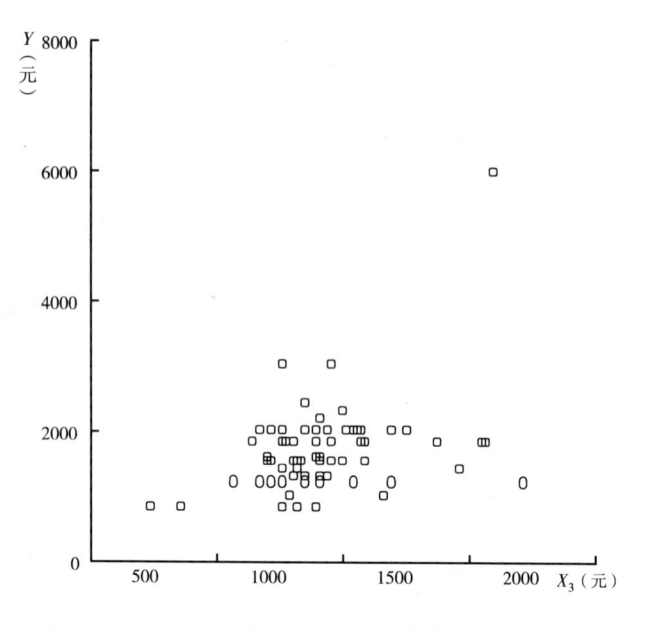

图 24 本科生生活费加本科生学费与期望起薪的关系

Dependent Variable: Y
Method: Least Squares
Date: 10/01/07   Time: 16:18
Sample: 1 76
Included observations: 76

$Y = C(1) + C(2) \times X_3 + C(3) \times X_3 \times X_3 + C(4)/X_2$

	Coefficient	Std. Error	t – Statistic	Prob.
$C(1)$	110.8052	717.6252	0.154405	0.8777
$C(2)$	1.673212	1.356533	1.233447	0.2214
$C(3)$	-0.000388	0.000646	-0.600718	0.5499
$C(4)$	12279.60	4305.867	2.851830	0.0057
R – squared	0.211907	Mean dependent var		1669.737
Adjusted R – squared	0.179070	S. D. dependent var		687.4144
S. E. of regression	622.8333	Akaike info criterion		15.75763
Sum squared resid	27930333	Schwarz criterion		15.88030
Log likelihood	-594.7900	F – statistic		6.453252
Durbin-Watson stat	1.392743	Prob(F – statistic)		0.000624

总之，从这些回归分析中可以看出，样本中存在失真的现象，导致自变量和因变量的关系不明确，另外可决（样本决定）

系数为 0.09~0.49，自变量与应变量之间存在中度相关关系，因此有必要增加解释变量以提高拟合优度。

根据样本散点图的分布形态，我们分别设定了以期望起薪为应变量、以上学费用（分直接费用和包括学费两种情况考虑）和收回教育投资期限（按月）为自变量的二元线性函数、非线性的二次函数和双曲函数（倒数）等回归模型，利用 Eviews（V3.1）软件共对 16 个回归方程进行了计量分析（见表1）。从样本决定（可决）系数的估值范围（0.0178~0.3252）看出，本项实验未能支持期望起薪与就业率正相关（与竞争强度负相关）、与求学费用正相关和与预期归还期限负相关等已有理论观点和预见。$D.W.$ 值分布在 1.2~2.9 之间，经检验也可认为不存在自相关性，由此在一定程度上可说明参与实验的被试主体是在进行独立选择和决策，基本上符合实验经济学的规范要求。

表1　回归方程估计值

方程序号	1	2	3	4	5	6	7	8
R^2	0.2343	0.3252	0.1614	0.0178	0.2049	0.1316	0.1866	0.2768
R_a^2	0.1323	0.2352	0.0496	-0.1135	0.0988	0.0158	-0.0167	0.0960
$D.W.$	2.9669	2.9851	1.7369	1.9751	2.7996	2.9233	1.5788	1.4297
方程序号	9	10	11	12	13	14	15	16
R^2	0.2032	0.2057	0.1596	0.1601	0.2440	0.2992	0.1405	0.2119
R_a^2	0.0040	0.0071	-0.0505	-0.0498	0.2125	0.2699	0.1047	0.1791
$D.W.$	1.2541	1.2154	1.3192	1.3392	1.3661	1.5194	1.2043	1.3927

注：R^2——样本决定系数；R_a^2——调整后的样本决定系数；$D.W.$——自相关性检验。

我们对在接近真实就业率（预测值为 70%）情况下的实验数据进行了重点统计和计量分析，而主要对设定的较高就业率（90%）和较低就业率（50%）等情形下的数据进行了直观的对比分析。将不同就业率、不同组的上学费用（分直接费用和包括学费两种情况考虑）、归还期限、心理底限、期望起薪和乐观起薪的实验数据进行交叉匹配，进行组内相对标准差（除以均值）的大小顺序比较和组间差异显著性的统计检验，大体呈现：均值和方差随就业率变化而变化的关系不显著，但期望起薪和乐观起薪的样本标准差小于心理底限的样本标准差（见表2），这说明每一被试主体有个性化的自我评价和相对稳定的薪水标准。

表2 分组样本均值方差

组别	1	2	3	4	5	7	8	10
N	10	16	16	16	16	13	6	9
$\bar{x}_b$	860.00	975.00	1068.75	862.50	1062.50	1907.69	1716.67	1422.22
S_b	313.40	297.77	559.43	185.74	298.61	592.26	735.98	1026.86
$\bar{x}_m$	1600.00	1375.00	1781.25	1550.00	1631.25	2384.62	2500.17	2344.44
S_m	402.77	341.57	652.40	513.81	315.63	588.57	447.44	1394.73
$\bar{x}_t$	2200.00	2000.00	2562.50	2437.50	2268.75	2984.62	3500.00	3555.56
S_t	586.89	632.46	853.91	946.48	484.04	503.07	632.46	2098.28

注：(1) N 为每组样本数，$\bar{x}_i$ 为样本均值（单位：元），S_i^2 为样本标准差，$i = b$、m、t 分别表示心理底限、期望起薪和乐观起薪。
(2) 第8、第9和第10组的被试主体为在读硕士研究生，其余为大学本科三、四年级学生。
(3) 因第6组和第9组只有3个样本，故略去。

影响因素排序	发展前景	经济收入	个人兴趣	稳定程度	专业对口	单位性质
样本总数108	59	15	12	11	9	2

第四篇　实验思考

第九章　应用实验经济学的思考

近年来，应用实验经济学逐渐成为一门热门学科。鉴于它独特的作用，应用它研究经济学问题受到专家的青睐与推崇。但我们认为，正如其他经济学研究方法一样，实验经济学的方法也各有利弊，它并不适宜解决所有的经济学问题（与其他方法结合除外）。重要的是，我们要正确分析、认识与掌握实验经济学方法的利弊，在应用中发挥它的长处，回避它的短处。否则，要么会夸大它的作用，要么不能发挥它的作用。下面主要就实验经济学的应用做些思考，以期获得一些有益的启示，这将有利于实验经济学研究与应用。

一　实验经济学分析

实验分析通过建立实验环境、重复实验来揭示现象的内在规律，它适宜研究不易考察或不可重复的现象。

实验经济学方法如同其他新的方法一样，都是在原有的（理论）方法之上发展而来的。随着研究与认识深入，对于在实际应用中遇到新的问题，原有的方法无能为力。因此，经过许多专家学者的持续钻研，新的方法应运而生。这些新的方法能够解决原有的方法所不能解决的问题。为了清楚地表达这些新的方法与原有的方法是一脉相承的关系，就新的方法来说，我们不妨把原有的方法称为广义的方法，而把新的方法称为狭义的方法。并且，"广义"强调的是新的方法与原有的方法的关系的共同性，这种共同性表示新的方法包含原有的方法，它能够解决原有的方法能够解决的问题（当然，在实际中不必这样做。因为对于原有的简单方法能够解决的问题，没有必要应用复杂的新的方法解决问题。否则就会增加研究的成本）。"狭义"强调的是它们的差异性，这种差异性表示新的方法的层次高于原有的方法，它能够解决原有的方法所不能解决的问题。因此，实验经济学分析方法有广义与狭义之分。

（一）广义的实验经济学分析

广义的实验经济学分析包括统计调查问卷分析、方差分析、非参数估计分析、系统仿真分析、系统动力学分析等。

1. 统计调查问卷分析

针对要调查的问题，设计调查方案是重要的。一个完整的调查方案应该包括调查目的、调查内容、调查对象、调查方法、调查步骤、调查时间、调查地点，以及调查对象分类、调查指标选择、调查问题与回答设计等。

实验者可以采用向每个被调查者单独发放、请他当场填写后收回，也可以请他在一段时间内填写后收回。

实验者可以采用同时向一些被调查者发放，请他们当场填写后收回，也可请他们在一段时间内填写后收回。

相比而言，当场填写收回的特点是回收率高，但填写质量差。此时，如果设计的内容与问题多，且回答选择不便，被调查者怕费时而拒绝或敷衍填写的情况就更加突出。

一段时间内填写后交回或收回的特点是回收率低，但填写质量高。此时被调查者有足够的时间认真填写，但也会因其他事情而忘记填写。

可见，统计调查问卷分析是一种最原始的实验分析方法。

2. 方差分析

我们知道，如果已知两个相关变量有足够多的样本数据，那么我们可以使用最小二乘原理估计它们之间的关系，得到连续的回归方程。在实际中，如果没有足够的样本数据，则不能使用最小二乘方法；如果获得足够样本数据需要进行足够多次数的破坏性实验，显然这是得不偿失的，此时我们必须放弃回归分析方法。于是，人们创造了方差分析方法，利用做少数次实验所得到的实验结果来揭示变量之间的相关关系并获得最优方案。因此，可以说方差分析是一个离散型的回归分析方法。

方差分析可分为单因素分析与多因素分析，也分为无交互作用分析与有交互作用分析，并且利用卡方检验量进行显著性检验。

为了减少实验次数，本项实验中出现了正交实验方法，它能够以最少的实验次数，即以最快的速度找到最优的实验结果。

可见，方差分析是一种典型的实验分析方法。

3. 非参数估计分析

卡方检验、符号秩检验、科斯检验、游程检验是最常用的非参数估计分析方法。在调查的基础上，利用统计检验理论与方法，对全部调查对象的分类与差异进行显著性检验。在实际中，它们是一类十分有效且简易的实验分析方法。

4. 系统仿真分析

系统仿真也称为系统模拟。仿真（Simulation）就是利用模型对实际系统进行实验研究的过程。严格地讲，系统仿真是指通过建立和运行系统的计算机仿真模型，来模仿实际系统的运行状态及其随着时间变化的运行规律，以实现在计算机上进行实验的全过程。在这个过程中，实验通过对仿真运行过程的观察与统计，得到被仿真系统的仿真输出参数和基本特性，以此来估计和推断实际系统的真实参数和真实性能。

5. 系统动力学分析

系统动力学的基本原理是通过对实际系统进行观察，采集有关对象系统状态的信息，随后使用有关信息进行决策。决策的结果是采集行动。行动又作用于实际系统，使系统的状态发生变化。经济系统动力学模型具有的一个重要特点是，以仿真实验为基本手段和以计算机为工具。因此，系统动力学实质上是一种计算机仿真分析方法，是实际系统的"实验室"。

（二）狭义的实验经济学分析

狭义的实验经济学分析就是基于心理学的实验经济学分析，但它不包括统计调查问卷分析、方差分析、非参数估计分析、系统仿真分析、系统动力学分析等广义的实验经济学分析。我们认为，实验经济学分析就是指应用心理学的实验分析方法结合研究经济学问题所形成的分析方法，它不同于心理学实验分析方法，也不同于经济学分析方法，而是它们的结合。

虽然广义与狭义的实验方法都能揭示利益各方的心理行为，但前者只是真实反映自己的行为反应，而不考虑其他各方的行为。也就是说，前者不是一个博弈过程。而事实上，这种博弈过程是瞬时变动的，广义的实验方法的简单性也不具有表述博弈过程的能力。而后者利用计算机网络技术，不仅能够反映各方的心理行为，也能够实时地反映各方的博弈行为。

特别的，虽然经济系统仿真具有与实验经济学相同的"实验"性质，但它不能反映经济系统中利益各方的心理行为和决策能力差异对实验的影响，并且在一般情况下，它也是建立在事先设定的模型上的。这是与实验经济学的本质差异，也是不及实验经济学之处。

同样的，经济系统动力学模型也具有与实验经济学相同的"实验"的特征，但它也根据事先的规律设定水平方程、速率方程或辅助方程,并且依靠专家通过调整参数进行实验,也不能反映经济系统中利益各方的心理行为差异与决策能力差异的影响。这是经济系统动力学与实验经济学的本质差异,也是不及实验经济学之处。

总之,已有的广义实验定量分析方法都是基于对经济主体既定和规范的行为、以特定模型代表的经济运行规律和历史或现有数据进行分析,而实验经济学的理念和做法是尽可能地获取与现实环境一致情况下主体的真实行为,并以此为基础研究经济活动和决策规律。这就是实验经济学与传统理论和方法的本质区别,也是实验经济学蓬勃发展的根本原因。

因此,应用心理实验方法研究经济问题有其十分合理的一面。如对于心理行为、风险偏好等不可量化的因素(横向统一时点);对于可以量化,但不易采集数据的因素,如细分数据,利用实验采集细分数据是最佳的选择。但决定经济现象趋势的经济规律,以及影响经济现象波动的内部因素与外部环境因素(纵向连续时点)是不能依据实验来表述的,也就是说,只利用实验方法是不能正确地解决经济问题的。要正确解决经济问题,就必须与经济理论、模型与方法结合起来,这就是我们强调的实验经济学的心理学与经济学结合的重要性。

二 应用实验经济学的要点

经济活动是人类社会实践活动,经济问题的本质是利益问题。经济现象具心理与博弈的显著特性,因此实验经济学方法不失为一种研究经济问题的好方法。根据以上分析,在应用实验经济学实践过程中,我们只有发挥它的长处,克服它的短处,才能取得科学、合理、符合实际的满意效果。

1. 确定研究的内容

对于所研究的经济问题,要分析影响它的相关因素,并确定哪些是与个人心理、博弈行为与风险偏好相关的因素，这些因素才是需要应用实验经济学方法来分析的，而其他因素则需要利用其他方法进行分析。也就是说，研究经济问题一定要把实验经济学方法与其他经济学分析方法，如将计量模型、协整模型、混沌模型、投入产出模型等结合起来，这样才能取得比较好的研究结果。

如果经济政策与政治、军事、外交、自然灾害等非经济因素共同对研究经济现象产生影响，计量经济学模型则能够通过分阶段估计（如果样本足够长）或引入虚拟变量消除异方差来反映这些因素对该经济现象的影响。此时，我们认为应用实验经济学实验方法研究这些因素，尤其用实验经济学研究非经济因素对经济现象的影响是最优的选择。

2. 确定实验方案

在确定了实验经济学方法研究的内容之后，关键是根据研究对象，以及研究目的与内容设计实验方案。值得强调的是，该实验一定是一个集心理、博弈与风险偏好行为相关的过程。特别的，它应包括经济政策、非经济因素的实验设计。

为了提高实验效果，在实验方案中，除实验说明书外，所设计的问题与选项应符合心理博弈与风险博弈原则，更应该简单明了，让参试者一目了然，便于做出选择。

同时，实验者还可以采取多组实验方案，使复杂的问题分解为若干简单问题的叠加，使其简单明了，这也有利于通过实验模拟真实的博弈环境。

3. 确定实验对象

对于不同的研究内容，选择实验对象很重要。当前，值得注意的一个问题是，所有的实验都选择在校学生作为参试者。这样做简便易行，成本低，但效果未必有效。所选择的对象应了解研究对象与内容，并在了解经济规律的基础上理解实验方案、掌握实验规则、判断实验选择。特别的，考试者应具有识别风险的能力，能够进行心理与博弈的判断与决策。

4. 对实验对象的培训

在实验开始之前，实验者必须对参试对象进行培训。首先，实验者要使参试对象清楚实验方案，明白实验结果及实验胜败规则；其次，要使他们清楚实验环境及其变动对他们决策的影响；最后，要保证所有参试者都能解读实验方案，并能够通过判断采取自己的策略。

5. 实验后的座谈

每进行一组多次实验后，实验者要召开参试者座谈会。请他们评价实验方案、提出改进建议；请他们评价自己的选择并总结经验；请他们评价实验结果，并与最终实验结果进行比较。

6. 实验结果验证

实验者要对实验结果进行分析，验证所得到的结果是否来自心理博弈和风险博弈的过程。如果是，则实验结果有效，否则无效。当然，无效的原因有两个：一是实验方案有问题，不能反映心理博弈和风险博弈；二是参试者不认真或不能理解实验方案而做出与心理博弈与风险博弈无关的选择。此时，实验者需要发现问题，并加以改进。

7. 环境模拟

实验经济学实验既包括内环境，也包括外环境。所谓内环境，就是实验方案设计所要达到的参试者做出决策选择的环境，这种环境应尽可能地接近真实环境，并可以重复再现。所谓外环境，是指为了保证参试者独立选择而设置的封闭空间，以保护参试者的举止表情，以及选择不泄露。

8. 实验软件开发

实验经济学的软件技术支持是不可替代的，这也是狭义实验经济学与广义实验经济学的区别。这种软件可以反映参试者基于心理的博弈过程，软件开发自然要结合实验研究的问题。北京信息科技大学实验经济学研究中心为研究大学生就业的实验经济学分析所开发的软件具有自主知识产权。

9. 实验结果经济学分析

对实验结果进行经济分析是重要的，因为我们不是为实验而实验，而是解释由心理博弈因素而产生影响的经济现象并认识它的规律。我们认为，传统的计量经济模型利用一条回归线表示经济现象趋势规律，以此来逼近并解释经济现象。因为经济现象实际轨迹是在这一条回归线上下波动的，所以这种逼近解释的误差就比较大；但从实验经济学方法的实验方案设计所得到的实验结果把经济现象区分为不同的类型进行认识，相当于用若干个"回归线"分别逼近解释经济现象不同的类型，既科学、合理、可行，又大大减小了误差。

三　实验经济学的应用

实验经济学与计量经济学有着明显的本质不同。一般来讲，计量经济学是基于经济人的经济理论设定数学模型，通过拟合样本数据估计模型中的未知参数。也就是说，经济规律是事先设定的，要估计的只是这种规律包含的参数，进而对过去的经济现象做出解释。这里存在着两种问题：一是由于经济环境的变化，所设定的经济规律已经不符合现实，这导致估计的参数不能解释现象或给出不符合实际的解释；二是即使所设定的规律是符合实际的，但拟合不同的样本将得到不同的参数估计值，结果对现象的解释就会不同，甚至差异很大。而实验经济学没有事先设定的模型，也不需要样本，只需要通过实验来认识经济现象，从而揭示人的心理行为的差异对经济现象决策的影响。在实际中，对任何一个经济决策来讲，决策者不仅要遵从经济规律，也受自己的心理、情绪、态度等影响，还要受其他所有利益方决策者的心理、情绪、态度等影响，还受各经济利益方识别、收集、拥有、加工与使用信息的能力（概括为决策能力）差异影响。也就是说，如果我们仅按经济规律进行决策，那么犯决策错误的可能性是非常大的。可见，实验经济学通过实验把这两个问题一并解决。

尽管实验经济学有一些优点，但这些优点都是基于心理学分析方法所产生的。然而决定经济问题的因素，不仅有心理因素，还有许多非心理因素。基于这些非心理因素，实验经济学就显示了局限性，比不上其他的实验分析与计量模型。因此，如果只把实验经济学分析方法简单地理解为用于研究经济问题的心理学实验方法，那么它就没有生命力。

这是为什么呢？因为经济问题是一个利益问题，所以解决经济问题是各利益方的博弈过程，也是心理行为选择的过程，还是识别、选择风险的过程。人们依据经济规律，以及各方实际现状，会尽可能多地收集、分析相关信息，并且考虑各方的心理行为特点、状况与反应，并根据人们的风险偏好做出自己的决策。

如果将实验经济学实验应用于研究股价泡沫，我们认为需要考虑以下四个方面的问题。

首先，确定股票真实价值是重要的。从经济学的角度来说，股价真实价值是服从经济规律的，它由微观因素和宏观因素组成的基本面决定。如发行股票的企业的实力与市场发展前景就是微观因素，经济系统运行现状及经济政策就是宏观因素。也就是说，股票的真实价值与这些因素存在内在的规律。

其次，确定股票的实际价格。由于股票价格受不断攀升预期的心理左右，也是股票买卖双方博弈的结果，所以应用实验经济学方法研究股票实际价格是合适的。

选择该股票的股民为参试者，模拟真实股市环境。对于由计量模型估计的股票的真实价值，以不同规模水平上的购买与抛售设计实验方案，可以把参试者划分为风险规避、风险爱好、风险中性三组设计实验方案，也可以把参试者划分为心理承受力强、心理承受力一般、心理承受力弱三组设计实验方案，还可以引入经济政策与非经济因素设计实验并进行实验,从而获得实验结果。

再次,确定股票的实际价格。对各类、各组实验结果进行综合分析,把股票价值所占份额加权得到股票的实验价格。

最后,确定股价泡沫。把股票的实验价格作为实际价格,扣除其真实价值(由计量模型确定的)后就得到股价泡沫。

图书在版编目(CIP)数据

大学生就业实验经济学研究/刘伟,王国成,葛新权著.
—北京:社会科学文献出版社,2014.6
ISBN 978-7-5097-5001-8

Ⅰ.①大…　Ⅱ.①刘…②王…③葛…　Ⅲ.①大学生-就业-研究　Ⅳ.①G647.38

中国版本图书馆 CIP 数据核字(2013)第 205566 号

大学生就业实验经济学研究

著　　者 / 刘　伟　王国成　葛新权

出 版 人 / 谢寿光
出 版 者 / 社会科学文献出版社
地　　址 / 北京市西城区北三环中路甲29号院3号楼华龙大厦
邮政编码 / 100029

责任部门 / 经济与管理出版中心　　　　责任编辑 / 冯咏梅　王　沛
　　　　　(010)59367226　　　　　　　责任校对 / 李学辉
电子信箱 / caijingbu@ ssap. cn　　　　　责任印制 / 岳　阳
项目统筹 / 恽　薇　冯咏梅
经　　销 / 社会科学文献出版社市场营销中心　(010) 59367081　59367089
读者服务 / 读者服务中心 (010) 59367028

印　　装 / 北京季蜂印刷有限公司
开　　本 / 787mm×1092mm　1/20　　　印　张 / 9.8
版　　次 / 2014年6月第1版　　　　　　字　数 / 158千字
印　　次 / 2014年6月第1次印刷
书　　号 / ISBN 978-7-5097-5001-8
定　　价 / 45.00元

本书如有破损、缺页、装订错误,请与本社读者服务中心联系更换
版权所有 翻印必究